하루
한장 **독해**

비문학 독해

사회편 **6**단계 (5, 6학년)

하루 한장 독해

비문학 독해

사회편 6단계 (5, 6학년)

WRITERS

미래엔콘텐츠연구회 & 김진아, 이은영, 정지민, 조현주

미래엔콘텐츠연구회는 No1. Contents를 개발합니다.

COPYRIGHT

인쇄일 2023년 8월 7일(1판3쇄)
발행일 2022년 12월 1일

펴낸이 신광수
펴낸곳 (주)미래엔
등록번호 제16–67호

융합콘텐츠개발실 황은주
개발책임 정은주
개발 김지민, 김현경

디자인실장 손현지
디자인책임 김병석, 김기욱
디자인 이돈일, 김단비

CS본부장 강윤구
제작책임 강승훈

ISBN 979-11-6841-104-3

우리는 수많은 글에 둘러싸여 살아가고 있습니다.
이야기책이나 교과서 글뿐 아니라,
전단의 광고 문구, 가정 통신문의 안내 글,
인터넷 속의 다양한 자료와 글 …

그래서 우리는 글과 자료에 담긴 지식과 정보를
정확하게 이해하고 해석하는 능력을 키워야 합니다.
단순히 글자를 눈으로 읽어 내는 것이 아니라,
사실을 확인하고 의미를 이해하고 핵심을 파악해야
제대로 독해했다고 볼 수 있습니다.

하루 한장 독해의 비문학 독해 사회편은
우리가 궁금해 하는 사회의 폭넓은 이야기를 통해
제대로 독해하는 능력을 키우는 교재입니다.

하루에 한 장씩! 독해의 세계로 떠나 볼까요?

재미있게 ③ ④ ⑤ 학습해요!

매일매일
'매체 독해+글 독해+하루 어휘'
3가지 학습을 할 수 있어요.

블렌디드 러닝인
4번째 학습으로 배경지식을
넓히고 심화시킬 수 있어요.

25일차 구성으로
하루 한 장씩 학습하면
5주에 완성할 수 있어요.

매체 자료로 미디어 문해력을 키워요!

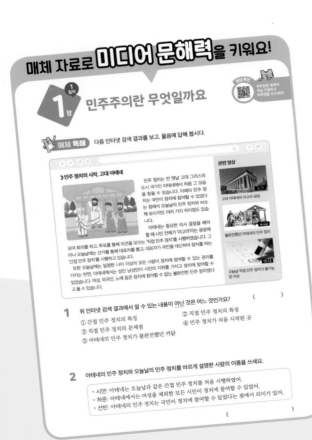

폭넓은 사회 이야기로 공부력을 키워요!

글 독해 다음 글을 읽고, 물음에 답해 봅시다.

'민주주의'라는 말은 어떤 뜻일까요? 민주주의(Democracy)는 고대 그리스어인 데모스(demos, 다수)와 크라토스(kratos, 지배)의 합성어로, '다수에 의한 통치'라는 뜻입니다. 미국의 제16대 대통령 링컨이 남북 전쟁 당시 격렬한 전투가 벌어졌던 게티즈버그에서 한 *연설 가운데 '국민의, 국민에 의한, 국민을 위한 정부'라는 말입니다. 여기서 '국민의'는 국가의 주인은 바로 국민이며, 모든 권력은 국민으로부터 나온다는 의미입니다. '국민에 의한'은 국민에 의해 나라가 다스려져야 한다는 의미이며, '국민을 위한'은 나라에서 이루어지는 모든 정책은 국민을 위한 것이어야 한다는 의미입니다. 즉, 민주주의란 모든 국민이 국가의 주인으로서 권리를 갖고, 그 권리를 자유롭고 평등하게 행사하는 정치 제도입니다.

민주주의는 인간의 *존엄, 자유, 평등을 기본 정신으로 하고 있습니다. 인간은 태어날 때부터 인간으로서 존엄과 가치를 존중받아야 합니다. 국가 등 외부의 간섭을 받지 않고 스스로 판단하여 행동할 수 있는 자유를 인정받아야 하며, 다른 사람의 자유를 침해해서도 안 됩니다. 또 신분, 재산, 성별, 인종 등에 따라 부당하게 차별받지 않고 동등하게 대우받아야 합니다. 이러한 민주주의의 기본 정신이 지켜질 때 비로소 진정한 민주주의를 이룰 수 있습니다.

민주주의의 기본 정신을 실현하기 위하여 오늘날 민주 국가는 크게 네 가지의 민주 정치의 원리를 *채택하고 있습니다. 먼저 *주권이 국민에게 있으므로 국가의 중요한 일을 결정할 때에는 반드시 국민의 동의와 지지가 있어야 한다는 '국민 주권의 원리'가 있습니다. 그리고 국민이 스스로 국가를 다스려야 한다는 '국민 자치의 원리'가 있습니다. 이 원리를 실현하는 방법으로는 고대 아테네와 같은 직접 민주 정치와 자신을 대신할 대표자를 선출하여 국가를 다스리게 하는 간접 민주 정치가 있는데, 우리나라를 포함한 대부분의 국가는 영토가 넓고 인구가 많기 때문에 간접 민주 정치를 채택하고 있습니다.

헌법은 국가의 최고 법으로, 국민의 권리 보장과 국가 운영의 기본 원리를 담고 있습니다. '입헌주의의 원리'는 헌법에 따라 국가 기관을 구성하고 권력을 행사하는 것을 말합니다. 마지막으로 '권력 *분립의 원리'는 서로 독립된 국가 기관이 국가 권력을 나누어 맡도록 하여 견제와 균형을 이루도록 하는 것을 말합니다. 이러한 민주 정치의 기본 원리에 따를 때 국민의 자유와 권리를 보장하고 인간의 존엄, 자유와 평등의 민주주의의 기본 정신을 실현할 수 있습니다.

❶ 연설: 여러 사람 앞에서 자기의 주의나 주장 또는 의견을 진술함.
❷ 존엄: 인물이나 지위 따위가 감히 범할 수 없을 정도로 높고 엄숙함.
❸ 채택하다: 작품, 의견, 제도 따위를 골라서 다루거나 뽑아 쓰다.
❹ 주권: 국가의 의사를 최종적으로 결정할 수 있는 권력.
❺ 분립: 갈라져서 따로 섬 또는 따로 나누어서 세움.

1장 민주주의란 무엇일까요 (1일차)

매체 독해 다음 인터넷 검색 결과를 보고, 물음에 답해 봅시다.

1 위 인터넷 검색 결과에서 알 수 있는 내용이 **아닌** 것은 어느 것인가요? ( )
① 간접 민주 정치의 특징
② 직접 민주 정치의 특징
③ 직접 민주 정치의 문제점
④ 민주 정치가 처음 시작된 곳
⑤ 아테네의 민주 정치가 불완전했던 까닭

2 아테네의 민주 정치와 오늘날의 민주 정치를 바르게 설명한 사람의 이름을 쓰세요.
• 시연: 아테네는 오늘날과 같은 간접 민주 정치를 처음 시행하였어.
• 하준: 아테네에서는 여성을 제외한 모든 시민이 정치에 참여할 수 있었어.
• 선빈: 아테네의 민주 정치는 국민이 정치에 참여할 수 있었다는 점에서 의미가 있어.
( )

• **미디어 문해력이란?** 매체가 제공하는 다양한 정보를 해석하고 이해하는 능력입니다.

• **그래서 매체 독해가 필요해요!** 일상생활에서 각종 매체를 통해 제공되는 카드 뉴스, 광고, 그래프 등을 이해하고 해석하는 힘을 키울 수 있습니다.

• **사회 교과 연계로 학습 자신감이 생겨요!** 초등 사회 교과서와 연계하여 선정한 주제로 독해 실력은 물론, 사회 학습의 자신감도 키울 수 있습니다.

• **배경지식을 넓혀요!** 주제와 관련된 글 자료, 영상 자료로 깊이 있는 학습을 할 수 있어요.

똑똑하게 독해의 힘을 키워요!

비문학 독해의 힘 글을 구조화하여 읽으며 글 속의 지식과 정보를 파악하는 힘을 키워요.

매체 독해의 힘 미디어로 둘러싸인 환경 속에서 매체 정보를 해석하고 이해하는 힘을 키워요.

하루 한 장의 힘 많은 학습량을 욕심내지 않고 하루에 한 장으로 꾸준하게 공부하는 힘을 키워요.

블렌디드 러닝의 힘 글을 읽다가 꼬리를 물고 이어지는 궁금증을 스스로 해결하는 힘을 키워요.

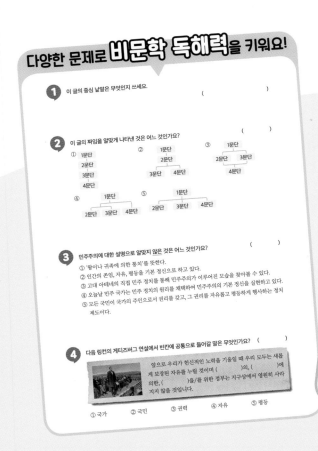

다양한 문제로 **비문학 독해력**을 키워요!

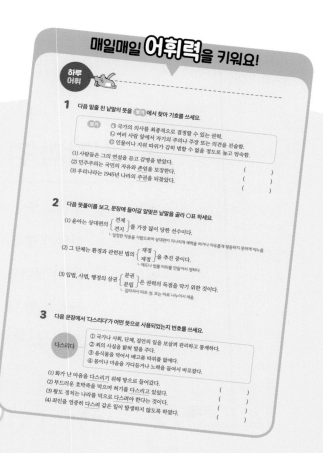

매일매일 **어휘력**을 키워요!

- **핵심을 파악하는 힘을 키워요!** 제목 정하기, 세부 내용 확인하기, 중심 내용 찾기 등의 문제를 통해 글의 핵심을 파악하는 힘을 키웁니다.

- **확장하여 생각하는 힘을 키워요!** 의견 나누기, 미루어 짐작하기, 다른 사례에 적용하기 등의 문제를 통해 확장하여 생각하는 힘을 키웁니다.

- **기본적인 뜻과 쓰임을 익혀요!** 새롭게 알게 된 낱말의 기본적인 뜻과 문맥 속에서의 쓰임을 익힙니다.

- **관련 어휘를 함께 공부해요!** 비슷하거나 반대의 뜻을 가지고 있는 말, 헷갈리는 말 등을 묶어서 공부하며 어휘력을 키웁니다.

이 책의
차례

바른답·알찬풀이

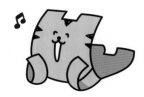

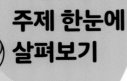

비문학 독해 과학편 ❶~❻

1~2학년	**❶단계**	**주제1** 우리 주변의 식물	**주제2** 나의 몸	**주제3** 계절과 날씨	**주제4** 고마운 에너지	**주제5** 소중한 물
		우리 주변에서 볼 수 있는 식물의 특징을 살펴보자.	눈, 귀, 코, 혀 등 우리 몸이 하는 일을 살펴보자.	우리나라 사계절의 특징과 날씨, 일기 예보에 대해 알아보자.	에너지의 뜻과 에너지를 절약하는 방법을 알아보자.	물의 세 가지 상태와 물의 중요성을 알아보자.

		주제1 우리 주변의 동물	**주제2** 안전한 생활	**주제3** 우리가 사는 지구	**주제4** 소리의 세계	**주제5** 물질의 성질
	❷단계	우리 주변에서 볼 수 있는 동물의 특징을 살펴보자.	우리가 질병이나 사고로부터 안전하게 생활할 수 있는 방법을 알아보자.	우리가 지구에서 사는 까닭과 지구에서 볼 수 있는 자연환경을 살펴보자.	소리의 성질과 소음을 줄이는 방법을 알아보자.	물체와 물질의 차이를 알아보고, 물질의 성질이 생활에 이용되는 예를 살펴보자.

		주제1 동물 이야기	**주제2** 자석 이야기	**주제3** 지구의 모습	**주제4** 지표의 변화	**주제5** 물질의 상태
3~4학년	**❸단계**	동물의 암수 구별과 배추흰나비와 개의 한살이에 대해 알아보자.	자석의 성질을 알아보고, 일상생활에서 자석을 활용한 예를 살펴보자.	지구의 탄생 과정과 지구의 다양한 모습에 대해 알아보자.	물이나 바람 등에 의해 지표가 변하고 있는 여러 모습을 살펴보자.	물질의 세 가지 상태의 특징을 이해하고, 물질을 세 가지 상태로 분류해 보자.

		주제1 지구의 변화	**주제2** 물체의 무게	**주제3** 그림자와 거울	**주제4** 식물 이야기	**주제5** 물질의 변화
	❹단계	지층과 화석, 화산과 지진 등 지구의 변화에 대해 알아보자.	저울의 원리를 알아보고, 무게와 질량의 차이점을 살펴보자.	빛을 이용한 정보 전달, 그림자와 거울에 대해 알아보자.	꽃가루받이, 식물의 한살이, 사는 곳에 따른 식물의 특징 등을 살펴보자.	물의 상태 변화로 일어나는 현상을 알아보고, 이를 활용한 예를 살펴보자.

		주제1 다양한 기상 현상	**주제2** 다양한 생물과 환경	**주제3** 신비한 우주	**주제4** 산과 염기 이야기	**주제5** 온도와 열 이야기
5~6학년	**❺단계**	대기 중에서 일어나는 다양한 기상 현상을 살펴보자.	다양한 생물이 우리 생활과 환경에 어떤 영향을 주는지 알아보자.	천체, 우주 탐사와 우주 개발에 대해 알아보자.	산과 염기의 특징을 이해하고, 우리 생활에서 이용되는 예를 알아보자.	온도와 열의 의미를 이해하고, 열의 이동 방법을 알아보자.

		주제1 전기 이야기	**주제2** 재미있는 기체 이야기	**주제3** 지구의 운동과 달의 운동	**주제4** 식물의 구조와 기능	**주제5** 우리 몸의 구조와 기능
	❻단계	우리 생활을 편리하게 해 주는 전기에 대해 알아보자.	기체의 성질과 예를 살펴보고, 온도와 압력에 따른 기체의 부피 변화를 알아보자.	지구의 운동과 달의 운동에 의해 나타나는 자연 현상에 대해 배워 보자.	식물은 어떤 구조로 이루어져 있으며, 각 기관이 하는 일을 살펴보자.	우리 몸속 기관이 하는 일과 자극이 전달되고 반응하는 과정 등을 알아보자.

비문학 독해 사회편 ❶~❻

알고 싶은 주제, 재미있는 주제가 있다면 스스로 찾아 먼저 공부해도 좋아요!

	주제1	주제2	주제3	주제4	주제5	주제6
❶ 단계	**작은 사회, 학교** 학교에서의 바르고 안전한 생활에 대해 알아보자.	**계절에 따라 다른 생활 모습** 사계절의 날씨와 특징, 생활 모습을 살펴보자.	**소중한 우리 가족** 옛날과 오늘날의 가족 형태, 호칭을 배워 보자.	**명절과 세시 풍속** 설날과 추석, 열두 달의 세시 풍속을 알아보자.	**자랑스러운 우리나라** 세계에 자랑할 만한 우리의 문화를 살펴보자.	
❷ 단계	**계절마다 다른 날씨** 날씨와 기후를 구분하고, 계절별 날씨를 살펴보자.	**사회 속의 나** 사회화, 직업 선택, 저축과 소비에 대해 배워 보자.	**소중한 가족** 가족의 형태, 가족 구성원의 역할 변화를 알아보자.	**우리 동네, 우리 고장** 공공시설, 사람들의 직업 등 고장의 모습을 살펴보자.	**세계의 여러 나라** 세계 여러 나라의 의식주 생활 모습을 살펴보자.	
❸ 단계	**우리가 사는 고장** 고장의 환경과 사람들의 생활 모습을 살펴보자.	**우리나라의 전통** 오늘날까지 이어져 온 우리의 전통을 알아보자.	**교통과 통신의 발달** 교통·통신의 발달로 나타난 생활의 변화를 알아보자.	**다양한 의식주 생활 모습** 자연환경에 따라 다른 다양한 생활 모습을 살펴보자.	**도구의 변화, 달라진 생활 모습** 여러 도구의 발달로 나타난 생활의 변화를 알아보자.	**오늘날의 가족 모습** 결혼식 모습과 다양한 가족 형태를 살펴보자.
❹ 단계	**지도 속 세상** 지도의 기본 요소, 지도의 이용에 대해 알아보자.	**사람들이 살아가는 곳** 삶의 터전으로서 도시와 촌락의 모습을 비교해 보자.	**소중한 문화유산** 우리나라의 소중한 문화유산을 살펴보자.	**공공 기관과 주민 참여** 공공 기관과 다수결의 원칙에 대해 배워 보자.	**경제 활동** 생산과 소비, 수요와 공급, 경제적 교류 등 경제 활동에 대해 알아보자.	**사회 변화로 나타난 생활 속 변화** 세계화, 정보화, 고령화 등으로 나타난 변화 모습을 살펴보자.
❺ 단계	**우리 국토의 위치와 영역** 우리나라의 위치와 영토, 영해, 영공으로 이루어진 영역을 살펴보자.	**우리나라의 자연환경** 우리나라 지형과 기후의 특징, 자연재해의 종류를 알아보자.	**우리나라의 인문 환경** 우리나라의 도시와 인구 성장, 산업과 교통 발달에 대해 배워 보자.	**인권을 존중하는 사회** 인권의 중요성과 인권을 지키기 위한 다양한 노력을 살펴보자.	**일상생활과 법** 헌법을 비롯하여 생활 속에서 접할 수 있는 다양한 법을 배워 보자.	
❻ 단계	**민주 정치의 발전** 우리나라의 민주 정치의 발전 과정과 선거에 대해 배워 보자.	**시장과 경제** 우리나라의 경제 성장 과정과 경제 교류의 모습을 살펴보자.	**세계의 자연환경** 세계 여러 나라의 국토 모습, 지형과 기후의 특징을 알아보자.	**세계 여러 지역의 삶의 모습** 우리와 가까운 나라들, 세계의 종교와 문화에 대해 배워 보자.	**살기 좋은 지구촌** 국제 분쟁과 환경 문제, 살기 좋은 지구를 만들기 위한 노력을 살펴보자.	

이번 주에 공부할 내용에 대한
주간 학습 계획을 세워 보세요.

	공부할 내용	교과 연계	공부한 날		스스로 평가
1장	민주주의란 무엇일까요	사회 6-1 [1단원], 중등 사회① [9단원]	월	일	😨 😋 🥰
2장	우리나라 민주주의의 발전	사회 6-1 [1단원], 중등 사회① [9단원]	월	일	😨 😋 🥰
3장	언제쯤 선거에 참여할 수 있나요	사회 6-1 [1단원], 중등 사회① [10단원]	월	일	😨 😋 🥰
4장	우리나라의 선거일은 왜 수요일일까요	사회 6-1 [1단원], 중등 사회① [10단원]	월	일	😨 😋 🥰
5장	대통령이 없는 나라도 있대요	사회 6-1 [1단원], 중등 사회① [9단원]	월	일	😨 😋 🥰
6장	서로 견제하며 일하는 국가 기관들	사회 6-1 [1단원], 중등 사회① [10단원]	월	일	😨 😋 🥰

민주주의란 무엇일까요

 **매체 독해** 다음 인터넷 검색 결과를 보고, 물음에 답해 봅시다.

❱ 민주 정치의 시작, 고대 아테네

민주 정치는 먼 옛날 고대 그리스의 도시 국가인 아테네에서 처음 그 모습을 찾을 수 있습니다. 이때의 민주 정치는 국민이 정치에 참여할 수 있었다는 점에서 오늘날의 민주 정치와 비슷해 보이지만, 여러 가지 차이점도 있습니다.

아테네는 중요한 의사 결정을 해야 할 때 시민 전체가 '아고라'라는 광장에 모여 회의를 하고, 투표를 통해 의견을 모으는 '직접 민주 정치'를 시행하였습니다. 그러나 오늘날에는 선거를 통해 대표자를 뽑고, 대표자가 국민을 대신하여 정치를 하는 '간접 민주 정치'를 시행하고 있습니다.

또한 오늘날에는 일정한 나이 이상의 모든 사람이 정치에 참여할 수 있는 권리를 가지는 반면, 아테네에서는 성인 남성만이 시민의 지위를 가지고 정치에 참여할 수 있었습니다. 여성, 외국인, 노예 등은 정치에 참여할 수 없는 불완전한 민주 정치였다고 볼 수 있습니다.

관련 영상

3:17
고대 아테네의 아고라 광장

4:02
불완전했던 아테네의 민주 정치

15:12
오늘날 직접 민주 정치가 불가능한 이유

---

1 위 인터넷 검색 결과에서 알 수 있는 내용이 <u>아닌</u> 것은 어느 것인가요?   (   )

① 간접 민주 정치의 특징 ② 직접 민주 정치의 특징
③ 직접 민주 정치의 문제점 ④ 민주 정치가 처음 시작된 곳
⑤ 아테네의 민주 정치가 불완전했던 까닭

2 아테네의 민주 정치와 오늘날의 민주 정치를 바르게 설명한 사람의 이름을 쓰세요.

> • 시연: 아테네는 오늘날과 같은 간접 민주 정치를 처음 시행하였어.
> • 하준: 아테네에서는 여성을 제외한 모든 시민이 정치에 참여할 수 있었어.
> • 선빈: 아테네의 민주 정치는 국민이 정치에 참여할 수 있었다는 점에서 의미가 있어.

(   )

　‘민주주의’라는 말은 어떤 뜻일까요? 민주주의(Democracy)는 고대 그리스어인 데모스(demos, 다수)와 크라토스(kratos, 지배)의 합성어로, ‘다수에 의한 통치’라는 뜻입니다. 이러한 민주주의의 의미를 잘 나타낸 말이 있습니다. 미국의 제16대 대통령 링컨이 남북 전쟁 당시 격렬한 전투가 벌어 졌던 게티즈버그에서 한 ❶연설 가운데 ‘국민의, 국민에 의한, 국민을 위한 정부’라는 말입니다. 여기 서 ‘국민의’는 국가의 주인은 바로 국민이며, 모든 권력은 국민으로부터 나온다는 의미입니다. ‘국민 에 의한’은 국민에 의해 나라가 다스려져야 한다는 의미이며, ‘국민을 위한’은 나라에서 이루어지는 모든 정책은 국민을 위한 것이어야 한다는 의미입니다. 즉, 민주주의란 모든 국민이 국가의 주인으 로서 권리를 갖고, 그 권리를 자유롭고 평등하게 행사하는 정치 제도입니다.

　민주주의는 인간의 ❷존엄, 자유, 평등을 기본 정신으로 하고 있습니다. 인간은 태어날 때부터 인 간으로서 존엄과 가치를 존중받아야 합니다. 국가 등 외부의 간섭을 받지 않고 스스로 판단하여 행 동할 수 있는 자유를 인정받아야 하며, 다른 사람의 자유를 침해해서도 안 됩니다. 또 신분, 재산, 성 별, 인종 등에 따라 부당하게 차별받지 않고 동등하게 대우받아야 합니다. 이러한 민주주의의 기본 정신이 지켜질 때 비로소 진정한 민주주의를 이룰 수 있습니다.

　민주주의의 기본 정신을 실현하기 위하여 오늘날 민주 국가는 크게 네 가지의 민주 정치의 원리 를 ❸채택하고 있습니다. 먼저 ❹주권이 국민에게 있으므로 국가의 중요한 일을 결정할 때에는 반드 시 국민의 동의와 지지가 있어야 한다는 ‘국민 주권의 원리’가 있습니다. 그리고 국민이 스스로 국가 를 다스려야 한다는 ‘국민 자치의 원리’가 있습니다. 이 원리를 실현하는 방법으로는 고대 아테네와 같은 직접 민주 정치와 자신을 대신할 대표자를 선출하여 국가를 다스리게 하는 간접 민주 정치가 있는데, 우리나라를 포함한 대부분의 국가는 영토가 넓고 인구가 많기 때문에 간접 민주 정치를 채 택하고 있습니다.

　헌법은 국가의 최고 법으로, 국민의 권리 보장과 국가 운영의 기본 원리를 담고 있습니다. ‘입헌 주의의 원리’는 헌법에 따라 국가 기관을 구성하고 권력을 행사하는 것을 말합니다. 마지막으로 ‘권 력 ❺분립의 원리’는 서로 독립된 국가 기관이 국가 권력을 나누어 맡도록 하여 견제와 균형을 이루 도록 하는 것을 말합니다. 이러한 민주 정치의 기본 원리에 따를 때 국민의 자유와 권리를 보장하고 인간의 존엄, 자유와 평등의 민주주의의 기본 정신을 실현할 수 있습니다.

---

❶ 연설: 여러 사람 앞에서 자기의 주의나 주장 또는 의견을 진술함.
❷ 존엄: 인물이나 지위 따위가 감히 범할 수 없을 정도로 높고 엄숙함.
❸ 채택하다: 작품, 의견, 제도 따위를 골라서 다루거나 뽑아 쓰다.
❹ 주권: 국가의 의사를 최종적으로 결정할 수 있는 권력.
❺ 분립: 갈라져서 따로 섬. 또는 따로 나누어서 세움.

1 이 글의 중심 낱말은 무엇인지 쓰세요.

(　　　　　　　　　)

2 이 글의 짜임을 알맞게 나타낸 것은 어느 것인가요?　　　　　　(　　　　)

① 1문단
　2문단
　3문단
　4문단

② 1문단
　2문단
　3문단　　4문단

③ 1문단
　2문단　　3문단
　　4문단

④ 1문단
　2문단　3문단　4문단

⑤ 1문단
　2문단　3문단　4문단

3 민주주의에 대한 설명으로 알맞지 <u>않은</u> 것은 어느 것인가요?　　　(　　　　)

① '왕이나 귀족에 의한 통치'를 뜻한다.
② 인간의 존엄, 자유, 평등을 기본 정신으로 하고 있다.
③ 고대 아테네의 직접 민주 정치를 통해 민주주의가 이루어진 모습을 찾아볼 수 있다.
④ 오늘날 민주 국가는 민주 정치의 원리를 채택하여 민주주의의 기본 정신을 실현하고 있다.
⑤ 모든 국민이 국가의 주인으로서 권리를 갖고, 그 권리를 자유롭고 평등하게 행사하는 정치 제도이다.

4 다음 링컨의 게티즈버그 연설에서 빈칸에 공통으로 들어갈 말은 무엇인가요?　(　　　　)

　　앞으로 우리가 헌신적인 노력을 기울일 때 우리 모두는 새롭게 보장된 자유를 누릴 것이며 (　　　　)의, (　　　　)에 의한, (　　　　)을/를 위한 정부는 지구상에서 영원히 사라지지 않을 것입니다.

① 국가　　　② 국민　　　③ 권력　　　④ 자유　　　⑤ 평등

5 민주주의의 기본 정신에 대한 설명으로 알맞지 <u>않은</u> 것은 어느 것인가요?　　　(　　　)

① 국가 등 외부의 간섭을 받지 않아야 한다.

② 스스로 판단하여 행동할 수 있는 자유를 인정받아야 한다.

③ 신분, 재산, 성별, 인종 등에 따라 부당하게 차별받지 않아야 한다.

④ 개인의 자유를 위하여 다른 사람의 자유도 침해할 수 있어야 한다.

⑤ 인간은 태어날 때부터 인간으로서 존엄과 가치를 존중받아야 한다.

6 민주주의의 기본 정신을 실현할 수 있는 방법이 <u>아닌</u> 것은 어느 것인가요?　　　(　　　)

① 국민이 선출한 대표자에 의해 국가를 다스리게 한다.

② 헌법에 따라 국가 기관을 구성하고 권력을 행사한다.

③ 국가의 대표자가 임의로 헌법을 바꾸어 국가를 운영한다.

④ 서로 독립된 국가 기관이 국가 권력을 나누어 맡도록 한다.

⑤ 국민의 동의와 지지를 바탕으로 국가의 중요한 일을 결정한다.

7 다음 우리나라 헌법 조항에 나타난 민주 정치의 기본 원리는 무엇인가요?　　　(　　　)

> 제41조 ① 국회는 국민의 보통·평등·직접·비밀 선거에 의하여 선출된 국회 의원으로 구성된다.

① 입헌주의의 원리　　　② 국민 자치의 원리　　　③ 국민 주권의 원리

④ 권력 분립의 원리　　　⑤ 지방 자치의 원리

고대 아테네의 도편 추방제

도편 추방제는 고대 아테네에서 독재자가 될 위험성이 있는 인물을 가려내어 나라 밖으로 추방하였던 제도입니다. 도자기의 파편이나 조개껍데기에 그 이름을 적어 내도록 한 비밀 투표로, 6,000표가 넘는 표를 받은 인물은 10년간 아테네를 떠나야 했습니다. 도편 추방제는 공직자들이 정치적으로 대립되어 있는 인물을 제거하기 위한 수단으로 악용되기도 하였습니다.

1 다음 밑줄 친 낱말의 뜻을 보기 에서 찾아 기호를 쓰세요.

> 보기
> ㉠ 국가의 의사를 최종적으로 결정할 수 있는 권력.
> ㉡ 여러 사람 앞에서 자기의 주의나 주장 또는 의견을 진술함.
> ㉢ 인물이나 지위 따위가 감히 범할 수 없을 정도로 높고 엄숙함.

(1) 사람들은 그의 연설을 듣고 감명을 받았다. ( )

(2) 민주주의는 국민의 자유와 존엄을 보장한다. ( )

(3) 우리나라는 1945년 나라의 주권을 되찾았다. ( )

2 다음 뜻풀이를 보고, 문장에 들어갈 알맞은 낱말을 골라 ○표 하세요.

(1) 윤아는 상대편의 $\left\{\begin{array}{c}\text{견제}\\\text{견지}\end{array}\right\}$ 를 가장 많이 당한 선수이다.
  └ 일정한 작용을 가함으로써 상대편이 지나치게 세력을 펴거나 자유롭게 행동하지 못하게 억누름.

(2) 그 단체는 환경과 관련된 법의 $\left\{\begin{array}{c}\text{재정}\\\text{제정}\end{array}\right\}$ 을 추진 중이다.
  └ 제도나 법률 따위를 만들어서 정하다.

(3) 입법, 사법, 행정의 삼권 $\left\{\begin{array}{c}\text{분권}\\\text{분립}\end{array}\right\}$ 은 권력의 독점을 막기 위한 것이다.
  └ 갈라져서 따로 섬. 또는 따로 나누어서 세움.

3 다음 문장에서 '다스리다'가 어떤 뜻으로 사용되었는지 번호를 쓰세요.

> 다스리다
> ① 국가나 사회, 단체, 집안의 일을 보살펴 관리하고 통제하다.
> ② 죄의 사실을 밝혀 벌을 주다.
> ③ 음식물을 먹어서 배고픔 따위를 없애다.
> ④ 몸이나 마음을 가다듬거나 노력을 들여서 바로잡다.

(1) 화가 난 마음을 다스리기 위해 방으로 들어갔다. ( )

(2) 부드러운 호박죽을 먹으며 허기를 다스리고 있었다. ( )

(3) 왕도 정치는 나라를 덕으로 다스려야 한다는 것이다. ( )

(4) 죄인을 엄중히 다스려 같은 일이 발생하지 않도록 하였다. ( )

우리나라 민주주의의 발전

 **매체 독해** 다음 현장 탐방 안내문을 보고, 물음에 답해 봅시다.

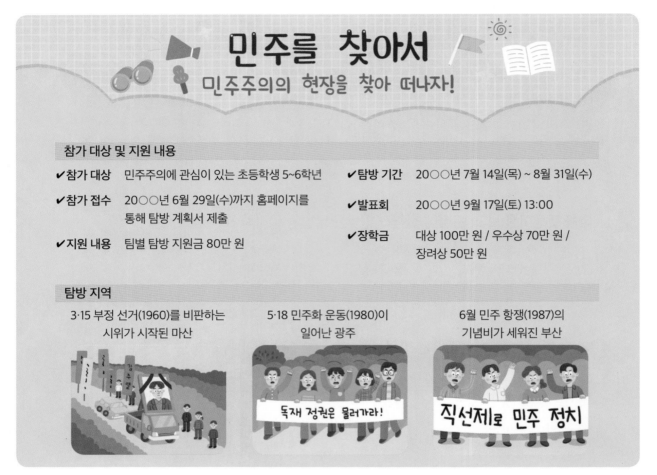

민주를 찾아서
민주주의의 현장을 찾아 떠나자!

참가 대상 및 지원 내용

✔ **참가 대상** 민주주의에 관심이 있는 초등학생 5~6학년

✔ **참가 접수** 20○○년 6월 29일(수)까지 홈페이지를 통해 탐방 계획서 제출

✔ **지원 내용** 팀별 탐방 지원금 80만 원

✔ **탐방 기간** 20○○년 7월 14일(목) ~ 8월 31일(수)

✔ **발표회** 20○○년 9월 17일(토) 13:00

✔ **장학금** 대상 100만 원 / 우수상 70만 원 / 장려상 50만 원

탐방 지역

3·15 부정 선거(1960)를 비판하는 시위가 시작된 마산

5·18 민주화 운동(1980)이 일어난 광주

6월 민주 항쟁(1987)의 기념비가 세워진 부산

독재 정권은 물러가라!

직선제로 민주 정치

1 위 안내문의 내용으로 옳은 것에는 ○표, 옳지 않은 것에는 ×표 하세요.

(1) 팀별로 탐방 지원금을 80만 원씩 지원한다. ( )

(2) 발표 결과에 따라 장학금을 다르게 지급한다. ( )

(3) 민주주의에 관심 있는 초등학생은 모두 참여할 수 있다. ( )

2 위 안내문의 내용을 바르게 이해한 사람의 이름을 쓰세요. ( )

- 지수: 5·18 민주화 운동은 독재 정권에 저항하여 일어났어.
- 호민: 3·15 부정 선거를 비판하는 시위는 부산에서 시작되었어.
- 아린: 1980년에는 사람들이 직선제를 통해 민주 정치를 실현하자는 시위를 벌였어.

우리나라의 민주주의는 어떻게 발전하였을까요? 우리나라는 일제 강점기에 일본의 강압적 통치를 받았고, 광복 이후에는 남한과 북한으로 나뉘어 6·25 전쟁을 경험하기도 하였습니다. 뿐만 아니라 이승만, 박정희 대통령 등의 ❶독재로 민주주의로 발전하는 데 어려움을 겪었습니다. 하지만 시민들은 4·19 혁명, 5·18 민주화 운동, 6월 민주 항쟁을 일으켜 민주주의를 지키기 위해 노력하였습니다.

우리나라의 첫 번째 대통령이었던 이승만은 여러 차례 헌법을 바꾸어 독재 정치를 이어 나갔습니다. 그러다 1960년 3월 15일 이승만 정부는 정권을 유지하기 위해 부정 선거를 실행하였고, 이를 계기로 마산에서 부정 선거를 비판하는 시위가 일어났습니다. 이때 시위에 참여했다가 실종된 고등학생 김주열이 죽은 채로 발견되자, 4월 19일 전국에서 많은 시민과 학생들이 이승만 정부의 독재와 3·15 부정 선거로 짓밟힌 민주주의를 바로 세우기 위한 시위에 참여하였습니다. 4·19 혁명으로 이승만은 대통령 자리에서 물러났으며, 새로운 정부가 들어서게 되었습니다.

4·19 혁명 이후 시민들은 민주적인 사회로 변화할 것을 기대했지만 군인들을 동원해 대통령이 된 박정희는 헌법을 바꾸어 대통령을 세 번까지 할 수 있도록 하였으며, 이후 헌법을 또 바꾸어 대통령 ❷직선제를 ❸간선제로 바꾸었습니다. 박정희가 사망하자 다시 전두환을 중심으로 한 군인들이 정권을 잡았습니다. 시민들은 헌법을 새로 고치고 국민 투표로 새 정부를 세울 것을 요구하는 시위를 벌였으나, 군인들은 이를 무시하고 탄압하였습니다. 이즈음 전라남도 광주에서 민주주의의 실현을 요구하는 대규모 시위인 5·18 민주화 운동이 일어났고, 군인들의 무자비한 진압으로 많은 사람들이 목숨을 잃었습니다.

5·18 민주화 운동 이후 간선제로 대통령이 된 전두환은 신문과 방송을 ❹검열하는 등 언론을 장악하고 민주주의를 요구하는 사람들을 탄압하였습니다. 이에 시민과 학생들은 전두환 정부의 독재에 반대하고 대통령 직선제를 요구하며 시위를 벌였는데, 1987년에 일어난 이 사건을 6월 민주 항쟁이라고 합니다. 결국 여당 대표는 직선제를 포함한 민주화 요구를 받아들인다는 내용의 6·29 민주화 선언을 발표하였고, 이후 오늘날과 같은 대통령 직선제가 시행되어 국민이 직접 대통령을 뽑을 수 있게 되었습니다.

오늘날 시민들은 촛불 ❺집회와 같은 대규모 집회, 캠페인, 서명 운동, 1인 시위 등 평화적이고 다양한 방식으로 정치에 참여하고 있습니다. 이렇게 시민들이 사회 공동의 문제를 민주적인 방법으로 해결하는 데 적극적으로 참여하게 됨으로써 우리 사회에 민주주의가 정착되었습니다.

----

❶ 독재: 개인이나 소수의 집단이 모든 정치권력을 마음대로 행사하는 것.
❷ 직선제: 국민이 직접 대표를 뽑는 선거 제도.
❸ 간선제: 일정 수의 선거인단을 구성해 이들에게 대표자를 뽑게 하는 선거 제도.
❹ 검열: 어떤 행위나 사업 따위를 살펴 조사하는 일.
❺ 집회: 여러 사람이 어떤 목적을 위하여 일시적으로 모임. 또는 그런 모임.

1 이 글의 중심 내용으로 알맞은 것은 어느 것인가요?　　　　　　　　　　(　　　　)

① 민주주의의 특징

② 헌법 개정의 영향

③ 광복 이전 우리나라의 정치

④ 우리나라 민주주의의 발전 과정

⑤ 우리나라 독재 정치의 전개 과정

2 이 글을 내용상 크게 세 부분으로 나눌 때 가장 적절한 것은 어느 것인가요?　(　　　　)

① 1문단 / 2문단 / 3문단, 4문단, 5문단

② 1문단 / 2문단, 3문단 / 4문단, 5문단

③ 1문단 / 2문단, 3문단, 4문단 / 5문단

④ 1문단, 2문단 / 3문단, 4문단 / 5문단

⑤ 1문단, 2문단, 3문단 / 4문단 / 5문단

3 이 글의 내용과 맞지 <u>않는</u> 것은 어느 것인가요?　　　　　　　　　　　(　　　　)

① 우리나라의 첫 번째 대통령은 이승만이다.

② 오늘날에는 대통령 직선제가 시행되고 있다.

③ 우리나라는 일본의 강압적인 통치를 받기도 하였다.

④ 4·19 혁명 이후 우리 사회는 민주적인 사회로 변화되었다.

⑤ 우리나라는 몇몇 대통령의 독재로 민주주의로 발전하는 데 어려움을 겪었다.

4 박정희가 정권 유지를 위해 한 일을 보기 에서 모두 고른 것은 어느 것인가요? (　　　　)

> 보기 　㉠ 3·15 부정 선거를 실행하였다.
> 　　　㉡ 대통령 직선제를 간선제로 바꾸었다.
> 　　　㉢ 신문과 방송을 검열하는 등 언론을 장악하였다.
> 　　　㉣ 대통령을 세 번까지 할 수 있도록 헌법을 바꾸었다.

① ㉠, ㉡　　　　　　　② ㉠, ㉢　　　　　　　③ ㉡, ㉢

④ ㉡, ㉣　　　　　　　⑤ ㉢, ㉣

5 5·18 민주화 운동에 대한 설명으로 옳은 것에는 ○표, 옳지 않은 것에는 ×표 하세요.

(1) 전라남도 광주에서 일어난 대규모 시위이다. (　　　　)

(2) 시위 과정에서 고등학생 김주열이 죽은 채로 발견되었다. (　　　　)

(3) 전두환이 간선제로 대통령이 된 것에 반대하며 일어났다. (　　　　)

(4) 군인들의 무자비한 진압으로 많은 사람들이 목숨을 잃었다. (　　　　)

6 6월 민주 항쟁의 결과로 알맞은 것은 어느 것인가요? (정답 2개) (　　　　)

① 독재 정치 실시　　　　　　　　② 대통령 간선제 시행

③ 대통령 직선제 시행　　　　　　④ 6·29 민주화 선언 발표

⑤ 3·15 부정 선거 무효 처리

7 우리나라 민주주의의 발전에 대해 바르게 말한 사람은 누구인가요? (　　　　)

① 지선: 대통령의 강력한 독재 정치를 통해 발전하였어.

② 선빈: 군인들이 적절한 시기에 정권을 장악하면서 발전하였어.

③ 민재: 남한과 북한의 분단 문제를 해결하기 위한 시도를 통해 발전하였어.

④ 현휘: 대통령이 독단적으로 헌법을 바꾸며 진정한 민주주의로 발전해 가고 있어.

⑤ 혜린: 오늘날에는 시민들이 적극적이고 평화적인 방식으로 정치에 참여하게 되었어.

푸른 눈의 목격자, 위르겐 힌츠페터

'푸른 눈의 목격자'로 불리는 위르겐 힌츠페터는 1980년에 일어난 5·18 민주화 운동의 진상을 카메라에 담아 전 세계에 알린 독일의 기자였습니다. 당시 전두환은 광주에서 일어난 일을 신문에 싣지 못하게 하였으나 위르겐 힌츠페터는 위험을 무릅쓰고 광주에 들어가 5·18 민주화 운동을 취재하였습니다. 그가 취재한 내용이 방송되면서 5·18 민주화 운동이 세계에 알려지게 되었으며, 이 사실이 국내에도 알려지면서 민주화 운동이 더욱 활발하게 전개되었습니다.

1 다음 빈칸에 들어갈 말의 뜻을 보고, 알맞은 낱말을 보기 에서 찾아 쓰세요.

> 보기   검열   독재   집회

(1) 영화의 사전 _____ 이/가 폐지되었다.
  └ 어떤 행위나 사업 따위를 살펴 조사하는 일.

(2) 시민들은 _____ 정권에 반대하는 시위에 참여하였다.
  └ 개인이나 소수의 집단이 모든 정치권력을 마음대로 행사하는 것.

(3) 환경 단체는 환경 보호를 촉구하는 _____ 을/를 열었다.
  └ 여러 사람이 어떤 목적을 위하여 일시적으로 모임. 또는 그런 모임.

2 다음 문장에 들어갈 알맞은 낱말을 골라 ○표 하세요.

(1) { 그는 은퇴 후 농촌에 (연착 / 정착)하였다.
    { 비행기가 (연착 / 정착)되어 예상보다 늦게 도착하였다.

(2) { (조작 / 조직)에서는 공동체 의식이 중요하다.
    { 원하는 결과를 얻기 위해 설문 조사 결과를 (조작 / 조직)하면 안 된다.

(3) { (시기 / 시위)하는 사람은 주변의 소중한 친구를 잃게 된다.
    { 오늘 도심에서 있었던 대규모 (시기 / 시위)로 차량 통행이 중단되었다.

3 보기 를 읽고, 다음 낱말의 뜻으로 알맞은 것을 선으로 이어 보세요.

> 보기   -제   '제도' 또는 '방법'의 뜻을 더하는 말.

(1) 간선제 •

(2) 직선제 •

(3) 대통령제 •

• ㉠ 국민이 직접 대표를 뽑는 선거 제도.

• ㉡ 대통령을 중심으로 국정이 운영되는 정부 형태.

• ㉢ 일정 수의 선거인단을 구성해 이들에게 대표자를 뽑게 하는 선거 제도.

언제쯤 선거에 참여할 수 있나요

매체 독해 다음 선거와 관련된 포스터를 보고, 물음에 답해 봅시다.

🚫 무효표에 주의하세요

- 선거 관리 위원회의 기표 용구를 사용하지 않은 것
- 투표소에서 나누어 준 투표용지와 봉투를 사용하지 않은 것
- 봉투를 봉하지 않고 투표함에 넣은 것
- 어느 칸에도 표를 하지 않은 것
- 두 칸에 걸쳐 표를 하거나 두 개 이상의 칸에 표를 한 것
- 표 외에 다른 사항을 쓴 것

1 위 포스터를 참고하여 다음에서 설명하는 낱말을 쓰세요. ( )

> 선거를 할 때에 투표용지에 의사를 표시하여 일정한 곳에 내는 일. 또는 그런 표.

2 무효표에 해당하는 경우가 <u>아닌</u> 것은 어느 것인가요? ( )

① 투표용지에 후보자의 이름을 쓴 경우
② 투표용지의 두 칸에 걸쳐 표를 한 경우
③ 봉투에 투표용지를 넣고 봉하여 투표함에 넣은 경우
④ 직접 만든 투표용지와 봉투를 사용하여 투표를 한 경우
⑤ 선거 관리 위원회에서 나누어 준 기표 용구를 사용하지 않은 경우

　오늘날 대부분의 국가는 영토가 넓고 인구가 많기 때문에 모든 사람이 직접 정치에 참여하기 어렵습니다. 그래서 국민들은 자신들을 대표할 사람을 직접 뽑는 '선거'를 통해 자신의 뜻을 정치에 반영합니다. 선거는 국민이 정치에 참여할 수 있는 가장 기본적인 방법으로, 국민이 국가의 주인으로서 권리를 행사하는 방법이기 때문에 '민주주의의 꽃'이라고 불리기도 합니다.

　그렇다면 언제부터 선거에 참여할 수 있을까요? 우리나라는 만 18세 이상의 모든 국민에게 선거권을 ❶부여하고 있습니다. 2019년까지는 만 19세 이상만 선거에 참여할 수 있었지만, 「공직 선거법」이 ❷개정되면서 2020년부터는 만 18세 청소년도 선거에 참여할 수 있게 되었습니다. 이처럼 선거권자의 연령을 낮추는 것에 대해 찬성하는 사람들은 청소년의 정치적 역량과 참여 의식이 충분하므로 청소년에게 정치에 참여할 기회를 주는 것이 옳다고 봅니다. 또 우리나라에서 만 18세가 된 청소년은 납세나 병역의 의무를 지게 되고, 결혼을 하거나 운전면허를 취득하는 것이 가능하다는 점에서도 정치에 참여할 능력과 권리가 충분하다고 보고 있습니다. 나아가 선거를 통해 청소년들에게 민주 시민의 자세를 배우고 정치에 관심을 갖는 기회를 가질 수 있도록 하는 것이 중요하다고 주장합니다.

　선거 연령을 만 18세로 낮추는 것에 대해 반대하는 의견도 있습니다. 청소년기는 정치적·사회적으로 가치관을 형성하는 시기로, 충분한 판단력을 갖추지 못한 상태에서 선거권이 부여된다면 주위의 영향으로 의사 표현이 왜곡될 수 있다고 봅니다. 또한 선거와 관련된 정보를 얻는 등의 활동이 학업에 지장을 줄 수 있고, 학교가 정치 논쟁의 장소로 이용될 수 있다는 점을 우려하고 있습니다. 이들은 만 19세 미만의 청소년들은 아직 「청소년 보호법」에 의해 보호를 받고 있기 때문에 성인과 동등한 책임을 질 수 있는 나이가 되었을 때 선거권을 부여받는 것이 ❸합당하다고 주장합니다.

　선거 연령을 낮추는 것에 대한 찬성과 반대 의견이 팽팽함에도 우리나라는 만 18세 이상이면 재산, 성별, 종교 등에 관계없이 누구나 투표할 수 있도록 하여 더 많은 국민이 ❹참정권을 가질 수 있도록 하고 있습니다. 선거는 사회 공동체의 발전 방향과 정책을 결정하는 중요한 과정으로, 선거권을 행사하지 않을 경우 우리의 의사와 ❺무관한 정책이 결정될 수 있습니다. 따라서 우리는 후보자가 제시하는 ❻공약들을 꼼꼼히 살핀 후 후보자가 이를 실현할 수 있는 능력을 지녔는지, 실현 가능한 공약인지, 후보자의 도덕성에는 문제가 없는지 등을 판단하여 선거에 참여해야 할 것입니다.

------

❶ **부여하다**: 사람에게 권리·명예·임무 따위를 지니도록 해 주거나, 사물이나 일에 가치·의의 따위를 붙여 주다.
❷ **개정하다**: 주로 문서의 내용 따위를 고쳐 바르게 하다.
❸ **합당하다**: 어떤 기준, 조건, 용도, 도리 따위에 꼭 알맞다.
❹ **참정권**: 국민이 국정에 직접 또는 간접으로 참여하는 권리.
❺ **무관하다**: 관계나 상관이 없다.
❻ **공약**: 정부, 정당, 입후보자 등이 어떤 일에 대하여 국민에게 실행할 것을 약속함. 또는 그런 약속.

1 다음은 무엇에 대한 설명인지 이 글에서 찾아 쓰세요.

> 국민이 정치에 참여할 수 있는 가장 기본적인 방법이자 국민이 국가의 주인으로서 권리를 행사하는 방법으로, '민주주의의 꽃'이라고 불린다.

(   )

2 이 글에서 답을 알 수 <u>없는</u> 질문은 어느 것인가요? (   )

① 운전면허는 몇 살부터 취득할 수 있나요?
② 선거에 참여해야 하는 까닭은 무엇인가요?
③ 우리나라의 선거 연령은 어디에 명시되어 있나요?
④ 납세와 병역의 의무를 지켜야 하는 까닭은 무엇인가요?
⑤ 몇 살까지 「청소년 보호법」에 의해 보호받을 수 있나요?

3 우리나라의 선거 연령에 대한 설명으로 옳은 것에는 ○표, 옳지 <u>않은</u> 것에는 ×표 하세요.

(1) 선거 연령은 「공직 선거법」 개정을 통해 바꿀 수 있다. (   )
(2) 2020년부터 만 18세의 청소년에게 선거권이 주어졌다. (   )
(3) 2019년 이전에는 만 18세 이상만 선거에 참여할 수 있었다. (   )
(4) 선거 연령이 낮아지면 참정권을 행사할 수 있는 국민이 줄어든다. (   )

4 이 글에서 우리나라 선거 연령을 낮추는 것에 대한 찬성의 근거로 제시한 것을 보기 에서 모두 고른 것은 어느 것인가요? (   )

> 보기
> ㉠ 학교가 정치 논쟁의 장소로 이용될 수 있다.
> ㉡ 청소년은 정치적 역량과 참여 의식이 충분하다.
> ㉢ 주위의 영향으로 청소년의 의사 표현이 왜곡될 수 있다.
> ㉣ 선거를 통해 청소년들이 민주 시민의 자세를 배울 수 있다.

① ㉠, ㉡   ② ㉠, ㉣   ③ ㉡, ㉢
④ ㉡, ㉣   ⑤ ㉢, ㉣

5 선거권을 행사하지 않을 경우 발생할 수 있는 문제점은 무엇인가요?   (   )

① 유권자로서의 권리를 박탈당할 수 있다.
② 대표자들이 불법적으로 선출될 수 있다.
③ 후보자가 도덕적인 문제를 일으킬 수 있다.
④ 국가의 주인으로서의 권리를 누릴 수 없다.
⑤ 우리의 의사와 무관한 정책이 결정될 수 있다.

6 선거에 참여하는 바람직한 태도를 가진 사람의 이름을 쓰세요.

> • 미래: 마음에 드는 후보자가 없어서 선거권을 행사하지 않았어.
> • 은성: 실현 가능한 공약을 제시했다면 후보자의 도덕성은 상관없어.
> • 다은: 후보자들이 제시한 공약이 실현 가능한 공약인지 살펴보아야 해.
> • 한결: 후보자가 공약을 실현할 수 있는 능력을 지녔는지는 중요하지 않아.

(   )

7 이 글을 읽고, 다음 내용에 대해 잘못 설명한 것은 어느 것인가요?   (   )

> • 2017년 5월 9일 제19대 대통령 선거: 선거일 기준 만 19세 이상의 국민
> • 2020년 4월 15일 제21대 국회 의원 선거: 선거일 기준 만 18세 이상의 국민
> • 2022년 3월 9일 제20대 대통령 선거: 선거일 기준 만 18세 이상의 국민

① 개정된 선거법은 제21대 국회 의원 선거부터 적용되었다.
② 「공직 선거법」 개정으로 선거 연령이 만 19세에서 만 18세로 하향되었다.
③ 제20대 대통령 선거일을 기준으로 만 18세가 된 사람은 선거에 참여할 수 있다.
④ 제21대 국회 의원 선거일을 기준으로 만 18세가 된 청소년은 선거권이 제한된다.
⑤ 제19대 대통령 선거일을 기준으로 만 18세가 된 사람은 병역의 의무는 있지만 선거권은 없다.

알아 두어야 할 선거 상식

우리나라는 「공직 선거법」을 통해 선거가 민주적인 절차에 의해 이루어지도록 하고, 선거와 관련한 부정을 방지함으로써 민주 정치의 발전에 기여하도록 하고 있습니다. 이에 따라 선거 홍보물을 훼손하는 것은 명백한 선거법 위반에 해당합니다. 또한 기표한 투표용지를 사진으로 찍어 게시하는 것도 선거법 위반에 해당하므로 「공직 선거법」을 잘 지켜 좋은 선거 문화를 만들어 나가야 합니다.

1 다음의 뜻을 가진 낱말을 보기 에서 찾아 쓰세요.

> 보기   무관하다   부여하다   합당하다

(1) 관계나 상관이 없다.   (   )

(2) 어떤 기준, 조건, 용도, 도리 따위에 꼭 알맞다.   (   )

(3) 사람에게 권리·명예·임무 따위를 지니도록 해 주거나, 사물이나 일에 가치·의의 따위를
    붙여 주다.   (   )

2 다음 낱말에서 빨간색으로 표시된 말의 뜻으로 알맞은 것을 선으로 이어 보세요.

(1) 교육자, 후보자 •

(2) 선거법, 조리법 •

(3) 평등권, 참정권 •

• ㉠ '사람'의 뜻을 더하는 말.

• ㉡ '권리'나 '자격'의 뜻을 더하는 말.

• ㉢ '방법' 또는 '규칙'의 뜻을 더하는 말.

3 다음 문장에서 '팽팽하다'가 어떤 뜻으로 사용되었는지 번호를 쓰세요.

> 팽팽하다
>
> ① 줄 따위가 늘어지지 않고 힘 있게 곧게 펴져서 튀기는 힘이 있다.
> ② 둘의 힘이 서로 엇비슷하다.
> ③ 남거나 모자람이 없이 빠듯하다.
> ④ 정세, 정황, 분위기 따위가 매우 경직되어 있다.

(1) 교실에 팽팽한 긴장감이 돌았다.   (   )

(2) 두 선수의 팽팽한 접전이 이어졌다.   (   )

(3) 이 정도면 우리 몫으로 팽팽하겠어.   (   )

(4) 물고기가 미끼를 물었는지 낚싯줄이 팽팽해지며 물살이 크게 일었다.   (   )

4장 우리나라의 선거일은 왜 수요일일까요

 **매체 독해** 다음 신문 기사를 보고, 물음에 답해 봅시다.

□□□뉴스 ｜ 뉴스 홈 ｜ 세계 ｜ **정치** ｜ 사회 ｜ 경제 ｜ 문화 ｜ 과학

선거 공익 광고, 국민을 이끌다

선거철이 되면 텔레비전을 켤 때마다 선거 공익 광고가 나온다. 선거 공익 광고에는 시대적 상황이 반영되기 때문에 슬로건을 통해 당시에 중요하게 생각했던 가치관을 살펴볼 수 있다.

첫 선거 공익 광고는 6월 민주 항쟁(1987)을 거쳐 국민의 손으로 대통령을 직접 뽑게 되면서 등장하였으며, ㉠ 부정이 없이 떳떳하게 치르는 선거를 강조하였다. 이후 2000년대에 들어서면서 선거 공익 광고는 딱딱함에서 벗어나 세련되고 친근한 모습으로 변화하였다. 오늘날에는 여론 조사 결과, 유행 등을 고려하여 주제를 선정한 후 선거 공익 광고를 제작하고 있다.

▶선거 공익 광고 주요 슬로건 변천사

연도	선거	광고 제목	슬로건
1987	대선	버려야 할 유산	사회 발전은 공명선거로, 국가 발전은 안정 속에서
1988	총선	우리 모두의 책임	깨끗한 선거 풍토로 안정된 민주 사회 풍토를 이루는 것은 유권자, 후보자 모두의 책임
1991	기초 의회 의원 선거	귀중한 한 표	모든 유혹을 뿌리칩시다
1995	전국 동시 지방 선거	노희지의 깨끗한 선거	깨끗한 선거! 다음 세대로 이어집니다
2000	총선	제대로 찍으셔야죠	제대로 찍으셔야죠
2020	총선	나의 첫 선거(펭수)	정책은 꼼꼼하게 선택은 신중하게

1 ㉠에 해당하는 말로 알맞은 것은 어느 것인가요? (　　　)

① 공명선거　　　　② 자유선거　　　　③ 공개 선거

④ 보통 선거　　　　⑤ 직접 선거

2 위 신문 기사의 내용으로 옳은 것에는 ○표, 옳지 <u>않은</u> 것에는 ×표 하세요.

(1) 선거 공익 광고는 6월 민주 항쟁이 시작되기 전에 처음 등장하였다. (　　　)

(2) 선거 공익 광고의 슬로건에는 당시에 중요하게 생각하는 가치관이 담긴다. (　　　)

(3) 오늘날에는 여론 조사 결과를 참고하여 선거 공익 광고를 제작하기도 한다. (　　　)

(4) 2000년에는 슬로건에 '깨끗한 선거'라는 표현을 넣어 깨끗한 선거를 강조하였다.

(　　　)

투표율 90% 이상을 기록하고 있는 나라가 있습니다. 바로 오스트레일리아입니다. 대체 그 비결은 무엇일까요? 오스트레일리아, 벨기에, 그리스, 스위스, 싱가포르, 아르헨티나, 브라질 등의 국가에서는 투표를 의무적으로 강제하는 '의무 투표제'를 시행하고 있습니다. 의무 투표제를 시행하는 국가에서는 투표를 국민의 의무로 보기 때문에 정당한 사유 없이 투표하지 않는 사람에게는 법적으로 ❶제재를 가합니다. 벌금을 부과하거나 ❷공직 ❸취임을 제한하기도 하고, 여권이나 운전면허증의 발급을 제한하기도 합니다. 심지어 투표권을 ❹박탈하는 국가도 있습니다. 이렇게 투표를 의무화하는 국가들의 투표율은 대체로 높게 나타납니다.

반면에 우리나라는 투표를 의무화하지 않으며, 투표 참여 여부를 ❺유권자가 자율적으로 결정합니다. 투표를 하지 않는다고 해서 어떤 불이익도 받지 않습니다. 그런데 최근 우리나라의 대통령, 국회 의원 선거의 투표율을 살펴보면 투표율이 대부분 80 %를 넘지 못하고 낮은 편이라는 것을 알 수 있습니다. 이에 따라 우리나라에도 의무 투표제를 도입하자는 의견이 나오기도 합니다.

의무 투표제가 아니더라도 투표율을 높이기 위한 우리나라만의 특별한 방법이 있습니다. 우리나라에서는 법에 따라 원칙적으로 선거일을 수요일로 하도록 정해져 있습니다. ㉠선거일이 수요일이 된 까닭은 무엇일까요? 선거일은 법정 공휴일로 지정되기 때문에 쉬는 날로 생각하기 쉽습니다. 그래서 선거일이 주말에 가까운 금요일이나 월요일이 될 경우 선거일을 포함해서 휴가를 보내려는 사람들로 투표율이 저하될 수 있습니다. 따라서 선거일에는 사람들이 투표에만 집중하게 하고, 이를 통해 보다 많은 사람이 투표에 참여할 수 있도록 수요일을 선거일로 지정한 것입니다.

투표율은 정치에 대한 국민의 관심을 보여 주는 중요한 ❻지표입니다. 정치에 무관심한 국민들이 늘어나게 되면 우리나라의 정치가 그릇된 방향으로 나아갈 수도 있습니다. 그렇기 때문에 우리나라는 선거일을 수요일로 지정하는 것 외에도 사전 투표를 실시하거나, 투표소를 더 많이 설치하고, 투표 시간을 연장하는 등 투표율을 높이기 위한 제도적인 노력을 하고 있습니다. 또한 투표했음을 인증하는 사진을 찍어 올리거나 일정한 투표율을 넘기면 이벤트를 하는 등 다양한 방법으로 투표를 독려하기도 합니다. 따라서 투표하는 것 자체만으로도 올바른 민주주의 사회를 만들 수 있고, 우리의 한 표가 우리나라의 현재와 미래를 바꿀 수도 있다는 점을 기억하며 적극적으로 투표에 참여해야 할 것입니다.

---

❶ **제재**: 일정한 규칙이나 관습의 위반에 대하여 제한하거나 금지함. 또는 그런 조치.
❷ **공직**: 국가 기관이나 공공 단체의 일을 맡아보는 직책이나 직무.
❸ **취임**: 새로운 직무를 수행하기 위하여 맡은 자리에 처음으로 나아감.
❹ **박탈하다**: 남의 재물이나 권리, 자격 따위를 빼앗다.
❺ **유권자**: 선거할 권리를 가진 사람.
❻ **지표**: 방향이나 목적, 기준 따위를 나타내는 표시.

1 이 글을 쓴 목적으로 알맞은 것은 어느 것인가요? ( )

① 의무 투표제로 바꿀 것을 제안하기 위해서
② 다른 나라의 선거 제도의 좋은 점을 알리기 위해서
③ 선거일을 다른 요일로 변경할 것을 제안하기 위해서
④ 투표에 참여하는 것이 중요한 까닭을 설명하기 위해서
⑤ 보통 선거가 행하여지지 않는 나라의 실태를 알리기 위해서

2 이 글에서 알 수 있는 내용이 <u>아닌</u> 것은 어느 것인가요? ( )

① 의무 투표제를 시행하는 국가들
② 우리나라의 선거일이 수요일인 까닭
③ 우리나라 대통령 선거 투표율의 수치 변화
④ 낮은 투표율이 우리나라 정치에 미치는 영향
⑤ 투표율을 높이기 위한 우리나라의 다양한 노력

3 의무 투표제를 시행하는 국가를 모두 골라 ○표 하세요.

| 브라질 | 스웨덴 | 대한민국 | 싱가포르 | 베네수엘라 | 오스트레일리아 |

4 의무 투표제에 대한 설명을 보기 에서 모두 고른 것은 어느 것인가요? ( )

> **보기**
> ㉠ 투표율이 대체로 낮게 나타난다.
> ㉡ 투표를 의무적으로 강제하는 제도이다.
> ㉢ 투표 참여 여부를 유권자의 자유에 맡긴다.
> ㉣ 정당한 사유 없이 투표하지 않으면 법적으로 제재를 가한다.

① ㉠, ㉡   ② ㉠, ㉢   ③ ㉡, ㉢
④ ㉡, ㉣   ⑤ ㉢, ㉣

5 ⑤에 대한 답으로 알맞은 것은 어느 것인가요? ( )

① 수요일을 선호하는 의견이 많기 때문에
② 공휴일로 지정했을 때 경제적 손실이 적기 때문에
③ 선거 관리 인력을 동원하기에 편리한 날이기 때문에
④ 다른 요일에 비해 교통량이 적어 투표소로 이동하는 것이 쉽기 때문에
⑤ 다른 요일에 비해 투표에만 집중할 수 있어 투표율을 높일 수 있기 때문에

6 투표율을 높이기 위한 우리나라의 노력으로 알맞지 <u>않은</u> 것은 어느 것인가요? ( )

① 투표 시간을 연장한다.
② 사전 투표를 실시한다.
③ 투표소를 더 많이 설치한다.
④ 투표 인증 이벤트를 실시한다.
⑤ 실제 거주하는 지역에서만 투표하도록 한다.

7 이 글을 읽고 알 수 있는 내용으로 옳은 것에는 ○표, 옳지 <u>않은</u> 것에는 ×표 하세요.

(1) 우리나라는 투표에 참여하지 않으면 벌금을 부과한다. ( )
(2) 오스트레일리아의 투표율은 90% 이상을 기록하고 있다. ( )
(3) 투표율은 정치에 대한 국민의 관심을 보여 주는 중요한 지표이다. ( )
(4) 의무 투표제 국가에서는 투표에 참여하지 않으면 무조건 법적 제재를 받는다.
( )

가지각색 사전 투표 독려 이벤트
사전 투표는 선거일 당일에 투표하기 어려운 선거인이 선거 기간 전에 투표할 수 있도록 하는 제도로, 투표율을 높이기 위한 방법 중 하나입니다. 정치계 유명 인사들은 투표율을 더욱 높이기 위해 일정한 투표율을 넘을 경우 먹방(먹는 방송)을 하거나 춤추기, 프리 허그 하기 등을 약속하며 사전 투표를 독려하는 다양한 공약을 펼치기도 합니다.

1 다음 밑줄 친 낱말의 뜻으로 알맞은 것을 선으로 이어 보세요.

(1) 부패한 공무원을 공직에서 밀어내다. •

(2) 표가 없으면 입장할 때 제재를 당할 수 있다. •

(3) 새 대통령의 취임이 이제 일주일 앞으로 다가왔다. •

• ㉠ 국가 기관이나 공공 단체의 일을 맡아보는 직책이나 직무.

• ㉡ 새로운 직무를 수행하기 위하여 맡은 자리에 처음으로 나아감.

• ㉢ 일정한 규칙이나 관습의 위반에 대하여 제한하거나 금지함. 또는 그런 조치.

2 다음 문장에서 밑줄 친 낱말의 기본형을 쓰고, 이와 비슷한 뜻을 가진 낱말을 보기 에서 찾아 쓰세요.

> 보기   빼앗다   강요하다   격려하다

(1) 너의 생각을 남에게 강제하지 마라.   □ = □

(2) 부정 행위자의 응시 기회를 박탈하기로 했다.   □ = □

(3) 선생님이 독려해 주신 덕분에 역전에 성공하였다.   □ = □

3 다음 문장에 들어갈 말을 바르게 쓴 것에 ○표 하세요.

(1) 그 가게는 (할인률 / 할인율)을 더욱 높였다.

(2) (투표률 / 투표율)을 높이기 위한 캠페인이 계속되었다.

(3) 연휴를 앞두고 있어서 그런지 오늘 수업은 (출석률 / 출석율)이 낮았다.

(4) 그는 우리 병원에서 가장 수술 (성공률 / 성공율)이 높기로 유명한 의사이다.

대통령이 없는 나라도 있대요

매체 독해 다음 카드 뉴스를 보고, 물음에 답해 봅시다.

우리나라 역대 주요 대통령 선거 투표율

출처: 중앙 선거 관리 위원회

연도	대수	대통령	투표율
1952	제2대	이승만	88.1%
1956	제3대	이승만	94.4%
1963	제5대	박정희	85.0%
1967	제6대	박정희	83.6%
1971	제7대	박정희	79.8%
1987	제13대	노태우	89.2%
1992	제14대	김영삼	81.9%
1997	제15대	김대중	80.7%
2002	제16대	노무현	70.8%
2007	제17대	이명박	63.0%
2012	제18대	박근혜	75.8%
2017	제19대	문재인	77.2%

1 역대 대통령 선거의 투표율에 대한 설명으로 알맞지 <u>않은</u> 것은 어느 것인가요? (   )

① 제19대 대통령 선거의 투표율은 70 %대에 머물렀다.

② 제3대 대통령 선거는 역대 최고 투표율을 기록하였다.

③ 제17대 대통령 선거는 역대 최저 투표율을 기록하였다.

④ 2002년 이후 대통령 선거 투표율은 80 %를 넘지 못하고 있다.

⑤ 제13대 대통령 선거 투표율은 제15대 대통령 선거 투표율보다 낮다.

2 위 카드 뉴스를 보고, 빈칸에 들어갈 알맞은 숫자를 쓰세요.

> 우리나라의 대통령 선거는 제13대 대통령 선거부터 (   )년마다 치러지고 있다.

국가의 최고 책임자가 영국은 총리, 미국은 대통령인 까닭은 무엇일까요? 영국은 의원 내각제, 미국은 대통령제로 두 나라의 정부 형태가 다르기 때문입니다. 오늘날 대부분의 민주 국가는 의원 내각제나 대통령제를 채택하고 있습니다. 그러나 나라마다 역사적 배경과 문화, 정치적 현실 등이 다르기 때문에 정부의 형태도 다양한 모습을 보이고 있습니다.

영국, 일본, 독일, 캐나다 등이 채택하고 있는 '의원 내각제'는 국민이 입법부를 구성하는 의회의 의원을 ❶선출하면 의회 다수당의 대표가 총리(수상)가 되어 행정부인 ❷내각을 구성하는 정부 형태를 말합니다. 의원 내각제는 영국의 여왕과 같은 ❸명목상의 국가 ❹원수가 존재하고, 실질적인 권력은 총리가 행사합니다. 의원 내각제는 의회에서 뽑힌 총리가 내각의 최고 책임자로 활동하기에 입법부와 행정부의 뜻이 달라서 갈등이 발생하는 일이 상대적으로 적고, 서로 긴밀하게 협조하여 국민의 요구에 적극적으로 대응할 수 있다는 장점이 있습니다. 또한 총리는 대통령과 달리 임기가 정해져 있는 것이 아니며 의회에 의해 언제든 물러나게 될 수 있기 때문에 독재 정치를 하기 어렵습니다. 그러나 총리가 자주 바뀌어서 나라가 불안정해질 수 있으며, 의회와 내각을 한 정당이 독점하면 다수당의 ❺횡포가 나타날 수 있다는 단점도 함께 가지고 있습니다.

'대통령제'는 국민이 직접 선거를 통해 입법부를 구성하고, 대통령을 선출하여 대통령이 행정부를 구성하는 정부 형태로, 우리나라를 비롯해 미국, 러시아, 브라질 등이 채택하고 있습니다. 대통령제에서 대통령은 국가를 대표하는 국가 원수와 행정부를 운영하는 역할을 모두 수행하며, 국민에 의해 선출되어 임기를 보장받습니다. 따라서 대통령을 중심으로 빠르게 의사 결정을 할 수 있으며, 임기 동안 연속성 있는 정책을 수행하여 나라가 안정적으로 운영됩니다. 또한 입법부와 행정부가 따로 구성되어 대등한 위치에서 서로 견제하며 권력의 균형을 이룰 수 있습니다. 그러나 대통령의 권한이 지나치게 커지면 독재의 위험성이 있고, 입법부와 행정부의 뜻이 서로 다를 때에는 심각한 갈등이 발생할 수 있다는 단점이 있습니다.

우리나라는 기본적으로 대통령제를 채택하고 있으며, 대통령의 임기는 5년으로 ❻중임할 수 없습니다. 한편 우리나라는 대통령제를 채택하고 있으면서도 총리와 성격이 비슷한 국무총리 제도를 두는 등 의원 내각제의 요소를 일부 채택하고 있습니다.

------

❶ **선출**: 여럿 가운데서 골라냄.
❷ **내각**: 국가의 행정권을 담당하는 최고 기관.
❸ **명목**: 겉으로 내세우는 이름.
❹ **원수**: 한 나라에서 으뜸가는 권력을 지니면서 나라를 다스리는 사람.
❺ **횡포**: 제멋대로 굴며 몹시 난폭함.
❻ **중임**: 임기가 끝나거나 임기 중에 개편이 있을 때 거듭 그 자리에 임용함.

1 이 글의 중심 내용으로 알맞은 것은 어느 것인가요?　　　　　　　(　　　)

① 국가 원수의 상징성
② 입법부와 행정부의 관계
③ 영국과 미국의 정부 형태
④ 대통령제를 시행하는 국가들
⑤ 의원 내각제와 대통령제의 뜻과 특징

2 다음 빈칸에 알맞은 낱말을 넣어 각 정부 형태를 표로 정리하세요.

구분	의원 내각제	대통령제
최고 책임자	(　　　　　　)(수상)	대통령
선출 방식	국민이 의회 의원을 선출하면 의회 다수당의 대표가 최고 책임자로 선출됨.	(　　　　　　)이/가 직접 선거를 통해 선출함.

3 이 글에서 알 수 있는 내용으로 알맞지 <u>않은</u> 것은 어느 것인가요?　　　　(　　　)

① 의원 내각제에서는 입법부에 의해 행정부가 구성된다.
② 대통령제에서는 명목상의 국가 원수가 따로 존재한다.
③ 대부분의 민주 국가는 의원 내각제나 대통령제를 채택하고 있다.
④ 대통령제에서 대통령은 국민에 의해 선출되어 임기를 보장받는다.
⑤ 의원 내각제에서는 내각을 운영하는 총리가 실질적인 권력을 행사한다.

4 의원 내각제를 채택하고 있는 나라를 모두 골라 ○표 하세요.

독일	미국	일본	브라질	캐나다

(　　　　　　) (　　　　　　) (　　　　　　) (　　　　　　) (　　　　　　)

5 의원 내각제가 다음과 같은 장점을 지닌 까닭으로 알맞은 것은 어느 것인가요? (   )

> 국민의 요구에 적극적으로 대응할 수 있다.

① 대통령의 임기가 정해져 있기 때문에
② 총리를 자주 교체할 수 있는 구조이기 때문에
③ 입법부와 행정부가 서로 견제하는 구조이기 때문에
④ 입법부와 행정부가 서로 긴밀하게 협조하는 구조이기 때문에
⑤ 입법부와 행정부의 뜻이 달라서 갈등이 발생하는 일이 없기 때문에

6 대통령제의 단점을 에서 모두 고른 것은 어느 것인가요?   (   )

> 보기
> ㉠ 독재의 위험성이 있다.
> ㉡ 다수당의 횡포가 나타날 수 있다.
> ㉢ 행정부의 책임자가 자주 바뀌어서 나라가 불안정해질 수 있다.
> ㉣ 입법부와 행정부의 뜻이 서로 다를 경우 심각한 갈등이 발생할 수 있다.

① ㉠, ㉡   ② ㉠, ㉣   ③ ㉡, ㉢   ④ ㉡, ㉣   ⑤ ㉢, ㉣

7 다음 내용을 통해 알 수 있는 우리나라 정부 형태의 특징으로 알맞은 것은 어느 것인가요?
(정답 2개) (   )

> 헌법 제66조 ④ 행정권은 대통령을 수반으로 하는 정부에 속한다.
>   제86조 ① 국무총리는 국회의 동의를 얻어 대통령이 임명한다.

① 대통령은 중임할 수 없다.
② 대통령의 임기는 5년이다.
③ 의원 내각제의 요소를 일부 채택하고 있다.
④ 우리나라는 기본적으로 대통령제를 채택하고 있다.
⑤ 대통령은 명목상의 국가 원수이고, 국무총리가 실질적인 권력을 행사한다.

여당과 야당
'여야' 혹은 '여당과 야당'이라는 표현을 들어보았나요? 여당은 정당 정치에서 현재 정권을 잡고 있는 정당을 말합니다. 대통령제의 경우 대통령을 배출한 정당이 여당이 되고, 의원 내각제에서는 의회에서 많은 의석을 차지한 다수당이 여당이 됩니다. 이와 반대로 야당은 현재 정권을 잡고 있지 않은 정당을 말합니다. 야당은 정부와 여당의 정책을 비판하고 견제하는 역할을 하며, 다음 선거 때 대통령을 배출하기 위해 노력합니다.

1 다음 빈칸에 들어갈 말의 뜻을 보고, 알맞은 낱말을 보기 에서 찾아 쓰세요.

> 보기   명목   선출   원수   중임

(1) 전교 어린이 회장 _____ 방법에 대해 논의하였다.
    └ 여럿 가운데서 골라냄.

(2) 정상 회담에 참석한 국가 _____ 들은 인사를 나누었다.
    └ 한 나라에서 으뜸가는 권력을 지니면서 나라를 다스리는 사람.

(3) 대통령의 독재를 막기 위해서 _____ 을/를 할 수 없게 하였다.
    └ 임기가 끝나거나 임기 중에 개편이 있을 때 거듭 그 자리에 임용함.

(4) 그는 _____ 뿐인 대표이고 실제로 회사 경영은 다른 사람이 하고 있다.
    └ 겉으로 내세우는 이름.

2 다음 문장의 밑줄 친 낱말과 비슷한 뜻을 가진 낱말에 ○표 하세요.

(1) 그 팀의 전력은 매우 막강하다.

| 약하다 | 강경하다 | 강력하다 |

(2) 기술 변화에 신속하게 대응해야 한다.

| 대답하다 | 대처하다 | 대체하다 |

3 다음 문장에서 '이루다'가 어떤 뜻으로 사용되었는지 번호를 쓰세요.

> 이루다
> ① 어떤 대상이 일정한 상태나 결과를 생기게 하거나 일으키거나 만들다.
> ② 뜻한 대로 되게 하다.
> ③ 몇 가지 부분이나 요소들을 모아 일정한 성질이나 모양을 가진 존재가
>   되게 하다.

(1) 그는 일찍이 뜻을 이루었다.   (   )
(2) 원소는 물을 이루는 기본 성분이다.   (   )
(3) 억새꽃이 가을빛으로 장관을 이루었다.   (   )

서로 견제하며 일하는 국가 기관들

 **매체 독해** 다음 만화를 보고, 물음에 답해 봅시다.

---

1 위 만화를 보고, 빈칸에 들어갈 알맞은 말을 쓰세요.

> 삼권 분립은 입법부인 (   ), 행정부인 (   ), 사법부인
> (   )이/가 서로 견제하며 권력의 균형을 이루는 것을 말한다.

2 위 만화를 보고 알 수 있는 내용이 <u>아닌</u> 것은 어느 것인가요?   (   )

① 삼권 분립을 통해 민주주의를 실현할 수 있다.
② 옛날에는 왕 한 사람이 나라의 모든 일을 결정하였다.
③ 삼권 분립을 통해 어느 한곳의 권력이 커지는 것을 막을 수 있다.
④ 삼권 분립은 정부가 나라 살림을 잘 할 수 있게 돕기 위한 것이다.
⑤ 오늘날에는 삼권 분립을 통해 국민의 자유와 권리를 보장하고 있다.

국가의 중요한 일을 결정하는 ❶권한이 한 사람 혹은 하나의 ❷기관에 집중되어 있다면 어떤 일이 일어날까요? 아마도 그 권한을 마음대로 사용하거나 잘못된 결정을 할 수도 있어 국민의 자유와 권리가 침해받게 될 것입니다. 이러한 일을 막기 위해서 현대 민주 국가에서는 서로 독립된 국가 기관이 국가 권력을 나누어 맡도록 하고 있습니다. 이것을 권력 분립의 원리라고 하며, 이를 통해 각 기관이 서로 ❸견제와 균형을 이룰 수 있도록 하고 있습니다.

우리나라를 비롯한 대부분의 민주 국가에서는 법을 제정하는 입법부, 법을 집행하는 행정부, 법을 적용하는 사법부가 국가 권력을 나누어 가지고 있는데, 이것을 '삼권 분립'이라고 합니다. 삼권 분립은 국가 권력이 어느 한곳에 집중되어 생기는 문제를 막아 국가 권력의 균형을 이루기 위해 만들어진 것으로, 국민의 자유와 권리를 보장하기 위해 꼭 필요합니다. 그렇다면 입법부, 행정부, 사법부는 각각 어떤 역할을 하고, 서로 어떻게 견제하는지 알아볼까요?

입법부(국회)는 국민들이 투표로 뽑은 국회 의원들로 구성됩니다. 입법부는 국민에게 필요한 법을 만들거나 고치는 일을 하고, 한 해 동안 나라의 살림에 필요한 ❹예산을 ❺심의하여 확정하는 일을 합니다. 뿐만 아니라 행정부가 법에 따라 일을 제대로 하고 있는지 감시하는 국정 감사와 국정 조사를 통해 행정부를 견제하며, 대법원장, 대법관 등의 임명에 동의하거나 반대하는 방법으로 사법부를 견제합니다.

행정부(정부)는 법에 따라 나라의 살림을 도맡아 합니다. 행정부는 국민들이 직접 뽑은 대통령을 중심으로 국무총리, 행정 각부의 장관 등으로 구성되며, 국민들이 편안한 삶을 살 수 있도록 다양한 일을 합니다. 경제 정책, 복지 정책 등 국민을 위한 여러 가지 정책을 계획하고 실행하며, 도로, 지하철, 도서관 등의 공공시설을 만들고 관리하여 사람들이 편하게 이용할 수 있게 합니다. 또한 행정부는 입법부에서 만든 법을 거부할 권리를 가지고 있어 이를 통해 입법부를 견제하며, 대법원장 등을 임명하는 권한을 통해 사법부를 견제합니다.

사법부(법원)는 사람들 사이에서 갈등이 발생하거나 범죄가 발생했을 때 재판을 통해 해결하고 사회 질서를 유지해 국민의 권리를 보장하는 일을 합니다. 사법부는 입법부에서 만든 법이 정당한지를 심사하고, 행정부가 만든 명령이나 규칙 등이 법을 ❻위반하고 있지는 않은가를 판단하여 입법부와 행정부를 견제하기도 합니다.

----

❶ **권한**: 어떤 사람이나 기관의 권리나 권력이 미치는 범위.
❷ **기관**: 사회생활의 영역에서 일정한 역할과 목적을 위하여 설치한 기구나 조직.
❸ **견제**: 일정한 작용을 가하여 상대편이 지나치게 세력을 펴거나 자유롭게 행동하지 못하게 억누름.
❹ **예산**: 국가나 단체에서 한 연도의 수입과 지출을 미리 셈하여 정한 계획.
❺ **심의**: 어떤 일을 토의하여 적절한가를 판단하는 일.
❻ **위반하다**: 법률, 명령, 약속 따위를 지키지 않고 어기다.

1 다음은 무엇에 대한 설명인지 이 글에서 찾아 쓰세요.

> 입법부, 행정부, 사법부가 국가 권력을 서로 나누어 가지는 것

(   )

2 이 글의 짜임을 알맞게 나타낸 것은 어느 것인가요? (   )

① 1문단 — 2문단 — 3문단 — 4문단 — 5문단

② 1문단 ⎡ 2문단 — 3문단
        ⎣ 4문단 — 5문단

③ 1문단 — 2문단 — 3문단 ⎡ 4문단
                          ⎣ 5문단

④ 1문단 ⎡ 2문단 ⎤
       ⎢ 3문단 ⎥ — 5문단
       ⎣ 4문단 ⎦

⑤ 1문단 — 2문단 ⎡ 3문단
                  ⎢ 4문단
                  ⎣ 5문단

3 이 글을 읽고 답할 수 <u>없는</u> 질문은 어느 것인가요? (   )

① 권력 분립의 원리란 무엇인가요?
② 사법부는 어떻게 구성되어 있나요?
③ 입법부는 어떤 일을 하는 곳인가요?
④ 행정부를 구성하는 사람들은 누가 있나요?
⑤ 국가 권력을 분리해야 하는 까닭은 무엇인가요?

4 삼권 분립에 대한 설명으로 알맞지 <u>않은</u> 것은 어느 것인가요? (   )

① 국가 권력의 균형을 이루기 위한 것이다.
② 국민의 자유와 권리를 보장하기 위한 것이다.
③ 입법부, 행정부, 사법부가 서로 견제할 수 있도록 한다.
④ 행정부의 권한을 축소하고 입법부의 권한을 강화하는 제도이다.
⑤ 특정 개인이나 집단에 국가 권력이 집중되는 것을 막기 위한 것이다.

5 사법부의 역할에 대한 설명으로 알맞은 것은 어느 것인가요? (   )

① 공공시설을 만들고 관리한다.

② 법에 따라 나라의 살림을 맡아 한다.

③ 국민에게 필요한 법을 만들거나 고친다.

④ 재판을 통해 사람들 사이의 갈등을 해결한다.

⑤ 나라의 살림에 필요한 예산을 심의하여 확정한다.

6 다음 중 입법부에서 행정부를 견제한 사례로 알맞은 것을 골라 ○표 하세요.

| 대법원장, 대법관 등의 임명에 동의하였다. ☐ | 행정부의 각 부서들을 대상으로 국정 감사를 실시하였다. ☐ | 행정부에서 만든 명령, 규칙이 법을 위반하지 않는지 판단하였다. ☐ |

7 이 글을 읽고 알 수 있는 내용으로 옳은 것에는 ○표, 옳지 <u>않은</u> 것에는 ×표 하세요.

(1) 대법원장, 대법관 등은 사법부에서 임명한다. (   )

(2) 입법부에서 만든 법은 어떤 국가 기관에서도 거부할 수 없다. (   )

(3) 입법부의 국회 의원과 행정부의 대통령은 국민들의 투표로 선출된다. (   )

(4) 행정부는 경제 정책, 복지 정책 등 국민을 위한 다양한 정책을 계획하고 실행한다.

(   )

> **배경+지식 넓히기**
>
> **프랑스의 왕, 루이 14세**
> 루이 14세는 프랑스 역사상 가장 강력한 권력을 가졌던 왕으로, 수많은 전쟁을 통해 영토를 넓혔습니다. 또한 강력한 왕권을 과시하기 위해 베르사유 궁전을 짓기도 하였습니다. 이 시기의 백성들은 전쟁과 궁궐을 짓는 공사에 동원되어 다치거나 죽는 일이 많았습니다. 이처럼 한 사람에게 권력이 집중된다면 이를 이용하여 마음대로 정치를 하거나 잘못된 결정을 할 수도 있습니다.

1 다음 밑줄 친 낱말의 뜻으로 알맞은 것을 선으로 이어 보세요.

(1) 예산에 맞춰 지원 활동을 마무리하였다. ·

· ㉠ 어떤 일을 토의하여 적절한가를 판단하는 일.

(2) 방송 통신 위원회의 심의 기준을 살펴보았다. ·

· ㉡ 국가나 단체에서 한 연도의 수입과 지출을 미리 셈하여 정한 계획.

(3) 행정부는 법에 따라 나라의 살림을 맡아 하는 국가 기관이다. ·

· ㉢ 사회생활의 영역에서 일정한 역할과 목적을 위하여 설치한 기구나 조직.

2 다음 빈칸에 들어갈 말의 뜻을 보고, 알맞은 낱말을 보기 에서 찾아 활용하여 쓰세요.

보기	방지하다	위반하다	임명하다

(1) 계약을 _____ 경우 위약금이 있습니다.
    └ 법률, 명령, 약속 따위를 지키지 않고 어길

(2) 새로운 주장은 수비수 중에서 _____ 예정이다.
    └ 일정한 지위나 임무를 남에게 맡길

(3) 그 건물에는 도난 사고를 _____ 위한 보안 장치가 설치되어 있다.
    └ 어떤 일이나 현상이 일어나지 못하게 막기

3 다음 문장에서 '살림'이 어떤 뜻으로 사용되었는지 번호를 쓰세요.

살림 ── ① 한집안을 이루어 살아가는 일.
② 집 안에서 주로 쓰는 온갖 물건.
③ 국가나 집단의 재산을 관리하고 경영하는 일.

(1) 할머니께서는 살림 솜씨가 좋으시다. ( )
(2) 이사 온 지 3년 만에 살림이 많이 늘어났다. ( )
(3) 나는 올해 모임의 살림을 꾸려 갈 총무가 되었다. ( )

신나는 퍼즐 퍼즐

가로세로 퍼즐을 완성하며, **주제1**에서 공부한 용어의 뜻을
다시 한번 떠올려 봐요.

가로 열쇠

❶ 국가 의사의 결정과 집행에 국민이 직접 참여하는 정치. **예** 고대 아테네는 모든 시민이 정치에 참여하는 ○○ ○○ ○○를 시행하였다.

❸ 국민이 입법부를 구성하는 의회 의원을 선출하면 의회 다수당의 대표가 총리가 되어 내각을 구성하는 정부 형태.

❺ 국민에게 필요한 법을 만들거나 고치는 역할을 하는 국가 기관. **비슷** 국회, 의회

❼ 국민이 직접 선거를 통하여 대표를 뽑는 선거 제도. **예** 대통령 ○○○

❾ 선거할 권리를 가진 사람.

세로 열쇠

❷ 국민이 권력을 가지고 그 권력을 스스로 행사하는 제도. 또는 그런 정치를 지향하는 사상.

❸ 투표를 의무적으로 강제하는 제도.

❹ 국민이 직접 선거를 통해 입법부를 구성하고, 대통령을 선출하여 대통령이 행정부를 구성하는 정부 형태.

❻ 법에 따라 나라의 살림을 담당하는 국가 기관.

❽ 국민이 국가의 주인으로서 권리를 행사할 수 있는 가장 기본적인 방법.

❿ 국민이 국정에 직접 또는 간접으로 참여하는 권리. **비슷** 정치권

1장 우리나라도 많이 못 살았던 때가 있었대요

 매체 독해 | 다음 자료를 보고, 물음에 답해 봅시다.

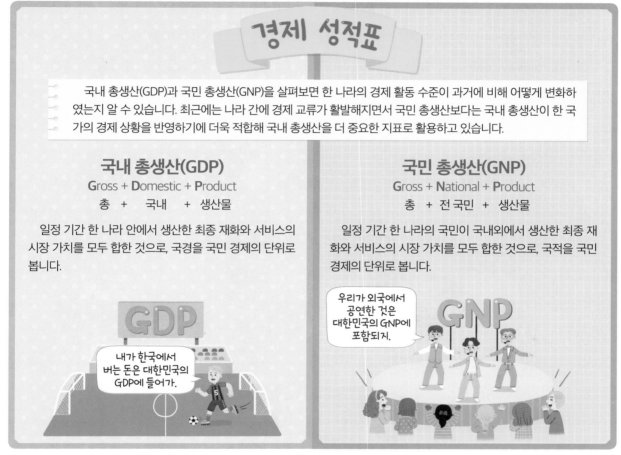

경제 성적표

국내 총생산(GDP)과 국민 총생산(GNP)을 살펴보면 한 나라의 경제 활동 수준이 과거에 비해 어떻게 변화하였는지 알 수 있습니다. 최근에는 나라 간에 경제 교류가 활발해지면서 국민 총생산보다는 국내 총생산이 한 국가의 경제 상황을 반영하기에 더욱 적합해 국내 총생산을 더 중요한 지표로 활용하고 있습니다.

국내 총생산(GDP)
Gross + Domestic + Product
총 + 국내 + 생산물

일정 기간 한 나라 안에서 생산한 최종 재화와 서비스의 시장 가치를 모두 합한 것으로, 국경을 국민 경제의 단위로 봅니다.

GDP

내가 한국에서 버는 돈은 대한민국의 GDP에 들어가.

국민 총생산(GNP)
Gross + National + Product
총 + 전 국민 + 생산물

일정 기간 한 나라의 국민이 국내외에서 생산한 최종 재화와 서비스의 시장 가치를 모두 합한 것으로, 국적을 국민 경제의 단위로 봅니다.

우리가 외국에서 공연한 것은 대한민국의 GNP에 포함되지.

GNP

1 위 자료를 보고 알 수 있는 내용으로 알맞지 <u>않은</u> 것은 어느 것인가요? (   )

① 국내 총생산을 GDP라고 한다.

② 국민 총생산을 GNP라고 한다.

③ 국내 총생산과 국민 총생산은 한 나라의 경제 성적표 역할을 한다.

④ 최근에는 국민 총생산이 국내 총생산보다 더 중요한 지표로 활용되고 있다.

⑤ 국내 총생산과 국민 총생산을 통해 한 나라의 경제 활동 수준의 변화를 알 수 있다.

2 다음 활동에서 우리나라의 국내 총생산에는 ○표, 국민 총생산에는 △표 하세요.

(1) 손흥민 선수가 해외 축구 경기에 출전하는 것 (   )

(2) 방탄소년단이 해외 콘서트장에서 공연을 하는 것 (   )

(3) 인도네시아 국적의 외국인이 우리나라 기업에서 일하는 것 (   )

'한강의 기적'에 대해 들어 본 적이 있나요? 한강의 기적은 6·25 전쟁 이후 이루어진 우리나라의 눈부신 경제 성장을 독일 라인강의 기적에 견주어 부르는 말입니다. 우리나라는 1950년부터 3년간 6·25 전쟁을 겪으면서 건물, 다리, 도로 등 대부분의 시설이 파괴되었고, 다른 나라의 ❶원조 없이는 살기 힘들 정도로 경제가 어려웠습니다. 그러나 우리나라는 전쟁이 끝난 지 50년이 채 안 되어서 국민 경제를 가늠하는 ❷지표인 국내 총생산(GDP)이 약 400배 이상 증가할 정도로 큰 성장을 이루었습니다. 우리나라는 어떻게 짧은 기간에 이와 같은 경제 성장을 이룰 수 있었을까요? (　가　)

1962년에 정부는 경제 개발 5개년 계획을 세우고 국내에서 생산한 제품을 해외로 수출하여 경제 성장을 이루고자 노력하였습니다. 당시 정부는 기업이 생산한 제품을 운반하고 수출할 수 있도록 도로, ❸항만 등을 많이 건설하였습니다. 기업은 풍부한 노동력을 활용해 신발, 가발, 의류 등의 경공업 제품을 만들어 수출하며 성장하였고, 가계의 소득도 이전보다 늘어나게 되었습니다. (　나　)

1970년대에 들어서면서 정부는 철강, 조선, 석유 화학 등 무거운 제품이나 플라스틱, 화학 섬유 제품을 생산하는 중화학 공업을 ❹육성하였습니다. 정부는 높은 기술력을 갖추기 위해 교육 시설과 연구소 등을 설립하였으며, 제품의 생산을 적극적으로 지원하기 위해 기업에 많은 돈을 빌려 주었습니다. 또한 이 시기에는 대형 선박을 만드는 조선업이 시작되어 세계에서 기술력을 인정받아 크게 성장하였습니다. 이로 인해 1977년에는 수출 100억 달러 달성이라는 놀라운 경제 성장을 이루게 되었습니다. (　다　)

1980년대에는 자동차, 텔레비전 등 기계 산업과 전자 산업이 발달하여 세계적으로 우수한 제품을 생산할 수 있게 되었습니다. 수출액과 국민 소득이 늘어나면서 사람들의 생활 수준도 크게 향상되었습니다. 뒤이어 1990년대에는 전기·전자 산업이 발달하였으며, 특히 다양한 전자 제품의 핵심 부품인 반도체는 우리나라의 수출을 이끄는 산업으로 성장하였습니다. 그러나 1990년대 후반에는 가지고 있던 ❺외환이 부족해지면서 경제 위기를 맞이하였습니다. (　라　)

정부와 기업, 국민의 적극적인 노력으로 2000년대 초반을 지나면서 우리나라는 외환 위기에서 빠르게 벗어났습니다. 또한 2004년에는 국내 총생산(GDP) 세계 10위를 차지할 정도로 크게 성장하였습니다. 오늘날에는 생명 공학, 우주 항공, 로봇 산업 등 첨단 산업과 사람들의 삶을 편리하게 해 주는 서비스 산업이 발달하고 있습니다. 새로운 산업의 발달로 우리나라의 경제는 꾸준히 성장하면서 국제 사회에서도 경제적 위상이 높아지고 있습니다. (　마　)

----

❶ **원조**: 물품이나 돈 따위로 도와줌.
❷ **지표**: 방향이나 목적, 기준 따위를 나타내는 표지.
❸ **항만**: 배가 머무를 수 있는 시설이 있는 부두와 그 근처 바닷가.
❹ **육성하다**: 길러 자라게 하다.
❺ **외환**: 다른 나라와 거래할 때 쓰는 돈이나 그 밖의 수단.

1 이 글의 중심 내용으로 알맞은 것은 어느 것인가요? ( )

① 우리나라의 주요 수출품
② 경제 성장에 따른 문제점
③ 외환 위기의 극복과 성장
④ 우리나라의 경제 성장 과정
⑤ 경제 성장을 위한 정부의 노력

2 이 글의 주요 설명 방법으로 알맞은 것은 어느 것인가요? ( )

① 공간을 이동해 가면서 설명하고 있다.
② 시간이 흐르는 순서에 따라 설명하고 있다.
③ 두 대상의 공통점과 차이점을 설명하고 있다.
④ 문제 상황과 그에 대한 해결 방법을 제시하고 있다.
⑤ 하나의 주제에 대하여 다양한 측면에서 설명하고 있다.

3 다음에서 설명하는 말을 이 글에서 찾아 쓰세요.

> 6·25 전쟁 이후 이루어진 우리나라의 눈부신 경제 성장을 독일 라인강의 기적에 견주어 부르는 말이다.

( )

4 우리나라의 경제 상황에 대한 설명으로 옳은 것에는 ○표, 옳지 않은 것에는 ×표 하세요.

(1) 1962년에 정부는 경제 개발 5개년 계획을 세웠다. ( )
(2) 1950년대에는 다른 나라를 원조하는 국가가 되었다. ( )
(3) 1977년에는 수출 100억 달러 달성이라는 성과를 이루었다. ( )
(4) 1980년대 후반에는 국내 총생산(GDP) 세계 10위를 차지하였다. ( )

5 각 시대별로 발달한 주요 산업을 선으로 이어 보세요.

(1) 1960년대 •

(2) 1970년대 •

(3) 1980년대 •

(4) 1990년대 •

• ㉠ 신발, 가방, 의류 등 경공업

• ㉡ 컴퓨터, 반도체 등 전기·전자 산업

• ㉢ 자동차, 텔레비전 등 기계 및 전자 산업

• ㉣ 철강, 조선, 석유 화학 등 중화학 공업

6 다음 빈칸에 들어갈 알맞은 말을 이 글에서 찾아 쓰세요.

오늘날 우리나라는 생명 공학, 우주 항공, 로봇 산업 등 (   ) 산업과 사람들의 삶을 편리하게 해 주는 (   ) 산업이 발달하고 있다.

7 다음 내용이 들어가기에 알맞은 곳은 (가)~(마) 중 어디인가요?   (   )

결국 우리나라는 1997년 국제 통화 기금(IMF)으로부터 자금 지원을 받는 외환 위기를 겪게 되었습니다.

① (가)   ② (나)   ③ (다)   ④ (라)   ⑤ (마)

금 모으기 운동

1997년 우리나라는 외환 부족으로 경제 위기를 맞이하였습니다. 결국 우리나라는 국제 통화 기금(IMF)으로부터 자금 지원을 받는 동시에 국제 통화 기금의 관리를 받게 되었습니다. 이때 국민들은 외환 위기에서 벗어나기 위해 자신이 가지고 있던 금을 나라에 기부하는 '금 모으기 운동'을 전개하였습니다. 이와 같이 국민들의 자발적이고 적극적인 노력이 더해져 우리나라는 2001년에 외환 위기를 빠르게 극복할 수 있었습니다.

1 다음 밑줄 친 낱말의 뜻을 보기 에서 찾아 기호를 쓰세요.

> 보기
> ㉠ 물품이나 돈 따위로 도와줌.
> ㉡ 방향이나 목적, 기준 따위를 나타내는 표지.
> ㉢ 다른 나라와 거래할 때 쓰는 돈이나 그 밖의 수단.
> ㉣ 배가 머무를 수 있는 시설이 있는 부두와 그 근처 바닷가.

(1) 주변국에 경제적 원조를 요청하였다. ( )

(2) 일반 은행에서도 외환 업무를 다루고 있다. ( )

(3) 승선 시간이 다가오자 항만에 사람들이 몰렸다. ( )

(4) 『사회과 부도』에는 세계 각국의 지도와 각종 지표가 수록되어 있다. ( )

2 다음 문장의 밑줄 친 낱말과 비슷한 뜻을 가진 낱말이 쓰인 문장에 ○표 하세요.

(1) 그는 농구 국가 대표를 육성하고 있다.
　㉠ 팀을 구성하기 위해 이리저리 뛰어다녔다. ( )
　㉡ 후계자를 양성하는 것은 리더의 역할이다. ( )

(2) 신라는 고구려, 백제와의 전쟁에서 승리하여 삼국 통일을 이루었다.
　㉠ 세계의 평화를 이룩하기 위해 노력하였다. ( )
　㉡ 약속 시간이 한참 지난 이후에 약속 장소에 이르렀다. ( )

3 다음 문장에서 '지원하다'가 어떤 뜻으로 사용되었는지 번호를 쓰세요.

> 지원하다
> ① 지지하여 돕다.
> ② 어떤 일이나 조직에 뜻을 두어 한 구성원이 되기를 바라다.

(1) 정부는 첨단 산업에 집중적으로 지원하기로 하였다. ( )

(2) 그녀는 엄마의 뜻에 따라 컴퓨터 공학과에 지원하였다. ( )

(3) 오빠는 같은 학교를 지원한 친구들과 다 같이 합격하였다. ( )

(4) 우리 장학회에서는 전국의 학생들에게 등록금을 지원해 주고 있습니다. ( )

2장 다양한 형태의 시장

정답 확인

하루한장 앱에서 학습 인증하고 하루템을 모으세요!

매체 독해 다음 인터넷 검색 결과를 보고, 물음에 답해 봅시다.

시장

연관 검색어   구체적 시장   추상적 시장   생산물 시장   생산 요소 시장   상설 시장   도매 시장

〉백과사전

시장(市場)

물건을 사는 사람과 파는 사람이 만나 거래가 이루어지는 곳으로, 거래 모습이 눈에 보이는 구체적 시장과 눈에 보이지 않는 추상적 시장으로 구분됩니다. 또한 재화와 서비스가 거래되는 생산물 시장과 생산 활동에 들어가는 요소인 생산 요소를 거래하는 생산 요소 시장으로 구분되기도 합니다.

〉관련 이미지

| 수산물 시장 | 백화점 | 대형 할인점 | 주식 시장 |

---

1 인터넷 검색 결과에서 알 수 있는 내용으로 알맞지 <u>않은</u> 것은 어느 것인가요? (　　　　)

① 생산 요소는 생산 활동에 들어가는 모든 요소를 말한다.
② 거래 모습이 눈에 보이는 시장을 구체적 시장이라고 한다.
③ 재화와 서비스가 거래되는 시장을 생산 요소 시장이라고 한다.
④ 거래 모습이 눈에 보이지 않는 시장을 추상적 시장이라고 한다.
⑤ 시장은 물건을 사는 사람과 파는 사람이 만나 거래가 이루어지는 곳이다.

2 다음을 구체적 시장과 추상적 시장으로 구분할 때, 유형이 다른 하나를 골라 〇표 하세요.

| 백화점 | 주식 시장 | 대형 할인점 | 수산물 시장 |

(　　　　)   (　　　　)   (　　　　)   (　　　　)

　우리는 필요한 모든 물건을 스스로 만들 수 없고, 물건을 직접 만든다고 해도 불필요한 시간과 노력을 들일 수밖에 없습니다. 이에 따라 먼 옛날부터 사람들은 각자 ❶분업하여 물건을 만든 뒤 이를 교환하게 되었는데, 이러한 과정에서 여러 가지 물건을 사고파는 시장이 만들어지게 되었습니다. 보통 시장이라고 하면 전통 시장이나 대형 할인점처럼 눈에 보이는 시장을 떠올리기 쉽습니다. 그러나 오늘날에는 장소의 유무, 거래되는 상품의 종류, ❷개설 시기, 판매 대상 등에 따라 다양한 시장이 존재합니다.

　시장은 눈에 보이는 구체적인 장소가 있느냐 없느냐에 따라 구체적 시장과 추상적 시장으로 구분됩니다. 구체적 시장은 구체적 장소가 존재하며 거래 모습이 눈에 보이는 시장으로, 우리가 잘 아는 전통 시장, 대형 할인점, 백화점 등이 있습니다. 추상적 시장은 구체적 장소가 존재하지 않으며, 거래 모습이 눈에 보이지 않는 시장으로, ❸인력 시장, ❹주식 시장, 외환 시장 등이 있습니다. 오늘날에는 정보 통신 기술의 발달로 시장에 직접 가지 않고 인터넷에서 거래가 이루어지는 온라인 시장의 규모가 점차 확대되고 있습니다.

　시장은 거래되는 상품의 종류에 따라서 생산물 시장과 생산 요소 시장으로 구분되기도 합니다. 생산물 시장은 재화와 서비스가 거래되는 시장을 말합니다. 옷, 먹거리, 가구 등 일반 소비자가 사용하는 상품이 판매되는 시장으로, 이때 기업은 공급자가 되고 가계는 수요자가 됩니다. 생산 요소 시장은 생산물을 만드는 데 필요한 노동, 토지, ❺자본 등의 생산 요소가 거래되는 시장을 말합니다. 일자리를 찾는 사람과 기업이 만나 노동의 거래가 이루어지는 취업 박람회 등이 해당되며, 생산 요소 시장에서 가계는 공급자가 되고 기업은 수요자가 됩니다.

　이 외에도 시장은 개설 시기에 따라 매일 열리는 ❻상설 시장과 특정 날짜에만 열리는 정기 시장으로 구분할 수 있고, 판매 대상에 따라 상인을 대상으로 하는 도매 시장과 소비자를 대상으로 하는 소매 시장으로 구분할 수도 있습니다. 또 한 종류의 물건만 모아서 파는 농산물 시장, 수산물 시장, 꽃 시장 등의 전문 시장도 있습니다. 이처럼 시장의 종류와 거래되는 상품이 매우 다양해지면서 여러 가지 기준에 따라 시장을 다양하게 분류할 수 있게 되었습니다. 이에 따라 시장이 지닌 의미도 '생산물과 생산 요소의 거래가 이루어지는 특정한 장소'에서 '시간과 공간을 뛰어넘어 다양한 형태의 생산물과 생산 요소가 거래되는 곳'으로 확대되었습니다.

----

❶ **분업**: 생산의 모든 과정을 여러 전문적인 부문으로 나누어 여러 사람이 분담하여 일을 완성하는 노동 형태.
❷ **개설**: 설비나 제도 따위를 새로 마련하고 그에 관한 일을 시작함.
❸ **인력**: 사람의 노동력.
❹ **주식**: 회사의 주인임을 나타내는 증서.
❺ **자본**: 상품을 만드는 데 필요한 생산 수단이나 그것들을 마련하는 데 들어가는 돈.
❻ **상설**: 언제든지 이용할 수 있도록 설치함.

1 이 글의 중심 낱말은 무엇인지 쓰세요.

(   )

2 이 글에서 답을 알 수 <u>없는</u> 질문은 어느 것인가요?　　　　　(   )

① 시장이 지닌 의미는 어떻게 달라졌나요?
② 시장을 통해 얻을 수 있는 이득은 무엇인가요?
③ 온라인 시장의 규모가 확대되는 까닭은 무엇인가요?
④ 시장은 거래되는 상품의 종류에 따라 어떻게 구분되나요?
⑤ 시장을 구체적 시장과 추상적 시장으로 구분하는 기준은 무엇인가요?

3 다음 빈칸에 들어갈 알맞은 말을 이 글에서 찾아 쓰세요.

> 　먼 옛날부터 사람들은 각자 (　　　　　　)하여 물건을 만든 뒤 이를 (　　　　　　)
> 하게 되었는데, 이러한 과정에서 여러 가지 물건을 사고파는 시장이 만들어지게 되었다.

4 추상적 시장에서 거래한 모습을 보기 에서 모두 고른 것은 어느 것인가요?　　　(   )

> 보기　　　㉠ 전망이 좋은 회사의 주식을 매수하였다.
> 　　　　　㉡ 인력 시장에서 새로운 일자리를 구하였다.
> 　　　　　㉢ 백화점 식품 매장에서 햄버거를 사 먹었다.
> 　　　　　㉣ 재배한 버섯을 농산물 도매 시장에서 판매하였다.

① ㉠, ㉡　　　　　　　　② ㉠, ㉢　　　　　　　　③ ㉡, ㉢
④ ㉡, ㉣　　　　　　　　⑤ ㉢, ㉣

5 ⊙, ⓒ에 들어갈 시장은 무엇인지 이 글에서 찾아 쓰세요.

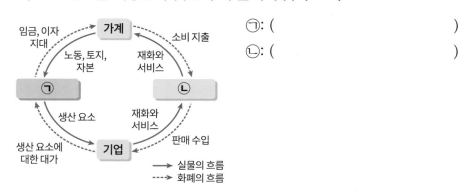

⊙: (   )

ⓒ: (   )

6 시장에 대한 설명으로 옳은 것에는 ○표, 옳지 않은 것에는 ×표 하세요.

(1) 한 종류의 물건만 팔면 시장이 형성될 수 없다.   (   )

(2) 시장은 개설하는 시기에 따라서도 이름을 달리 부른다.   (   )

(3) 시장은 거래하는 모습이 구체적으로 드러나야 시장이라고 할 수 있다.   (   )

(4) 시간과 공간을 뛰어넘어 다양한 형태의 생산물과 생산 요소가 거래되는 곳이다.

                                                       (   )

7 이 글을 읽고 (가), (나)를 이해한 내용으로 알맞지 <u>않은</u> 것은 어느 것인가요?   (   )

(가)

(나)

① (가)는 생산물 시장에 해당된다.   ② (가)는 눈에 보이는 시장에 해당된다.

③ (나)는 생산 요소 시장에 해당된다.   ④ (나)는 눈에 보이지 않는 시장에 해당된다.

⑤ (가)와 (나)는 모두 재화를 거래하고 있다.

가상 재화 시장의 시대가 온다

최근 스마트 기기를 사용하는 사람이 많아지면서 스마트 기기를 이용해 소비할 수 있는 상품이 거래되는 '가상 재화 시장'이 급속도로 늘어나고 있습니다. 가상 재화 시장에서는 애플리케이션, 이모티콘, 디지털 음원, 전자책 등의 가상 재화가 거래됩니다. 이러한 가상 재화는 주로 인터넷 망을 이용하여 소비되며, 누구나 쉽게 접속하여 구입할 수 있어 유행에 따라 확산 속도가 빠르다는 특징이 있습니다.

1 다음의 뜻을 가진 낱말을 보기 에서 찾아 쓰세요.

> 보기　　　개설　　　분업　　　상설　　　자본

(1) 언제든지 이용할 수 있도록 설치함.　　　　　　　　　　　(　　　　　　)

(2) 설비나 제도 따위를 새로 마련하고 그에 관한 일을 시작함.　(　　　　　　)

(3) 상품을 만드는 데 필요한 생산 수단이나 그것들을 마련하는 데 들어가는 돈.
　　　　　　　　　　　　　　　　　　　　　　　　　　　　(　　　　　　)

(4) 생산의 모든 과정을 여러 전문적인 부문으로 나누어 여러 사람이 분담하여 일을 완성하는 노동 형태.　　　　　　　　　　　　　　　　(　　　　　　)

2 다음 문장에 들어갈 말을 바르게 쓴 것에 ○표 하세요.

(1) 그를 도와주는 (대가 / 댓가)로 쌀을 받았다.

(2) 마당 한 구석에는 (볏집 / 볏짚)이 쌓여 있었다.

(3) 나무꾼은 산에 올라 (땔감 / 땔깜)을 한아름 모아 왔다.

3 다음 밑줄 친 낱말의 뜻으로 알맞은 것을 선으로 이어 보세요.

(1) 나는 어린이 신문을 <u>정기</u> 구독 하고 있다. ·

(2) 경제 수업 시간에 수요와 <u>공급</u>의 법칙을 배웠다. ·

(3) 어머니는 도매 시장에서 사 온 물건을 <u>소매</u>로 판매한다. ·

· ㉠ 어떤 재화나 용역을 일정한 가격으로 사려고 하는 욕구.

· ㉡ 물건을 생산자나 도매상에게서 사들여 직접 소비자에게 팖.

· ㉢ 기한이나 기간이 일정하게 정하여져 있는 것. 또는 그 기한이나 기간.

3장 둘 다 잘하면 무엇을 해야 할까요

 **매체 독해** 다음 자료를 보고, 물음에 답해 봅시다.

고려 시대의 무역

고려 시대에는 중국의 송나라, 거란, 여진, 일본 등 주변 국가들과의 무역이 활발하였습니다.

특히 수도인 개경과 가까운 곳에 위치한 고려의 대표적인 무역항인 벽란도는 아라비아 상인들까지 왕래하는 국제 무역항으로 번성하였습니다. 이때 아라비아 상인들은 고려를 '코리아(Corea)'라고 불렀으며, 이후 우리나라는 코리아라는 이름으로 서양에 널리 알려지게 되었습니다.

거란 — 농기구·곡식·문방구 / 은·모피·말

여진 — 농기구·곡식 / 금·모피·말

송 — 금·은·나전 칠기·인삼·종이·먹 / 비단·약재·서적·자기

일본 — 곡식·인삼·서적 / 유황·수은

아라비아 — 수은·향료

동 해 / 황 해 / 남 해 / 벽란도 / 개경 / 고려

→ 수출품
→ 수입품

---

1 위 자료를 보고, 빈칸에 들어갈 알맞은 낱말을 쓰세요.

> 고려 시대에는 국제 무역항인 (   )을/를 통하여 주변 국가들뿐만 아니라 아라비아 상인들과도 활발한 (   )이/가 이루어졌다.

2 고려의 주요 수출품 및 수입품에 대한 설명으로 옳은 것에는 ○표, 옳지 않은 것에는 ×표 하세요.

(1) 거란에 은, 모피, 말을 수출하였다. (   )

(2) 일본으로부터 유황, 수은을 수입하였다. (   )

(3) 송나라에 곡식, 인삼, 서적을 수출하였다. (   )

(4) 아라비아 상인으로부터 수은, 향료를 수입하였다. (   )

(가) 나라와 나라 사이에 필요한 물건이나 서비스를 사고파는 일을 무역이라고 합니다. 무역은 나라마다 가지고 있는 자연환경과 자본, 기술 등의 차이로 더 잘 만들 수 있는 물건이나 서비스가 다르기 때문에 이루어집니다. 각 나라는 다른 나라에서는 잘 만들지 못하고, 자기 나라에서 특히 잘 만들 수 있는 경쟁력 있는 물건을 생산하고, 이를 ❶상호 교류하면서 서로 경제적 이익을 얻습니다.

(나) 그렇다면 어떻게 무역을 해야 경제적으로 이익을 얻을 수 있을까요? 다른 나라보다 ❷우위에 있는 상품을 생산하여 무역을 하면 이익을 얻을 수 있습니다. 한 나라가 어떤 상품을 다른 나라보다 더 적은 생산 요소를 투입하여, 즉 절대적으로 더 적은 비용으로 생산할 수 있을 때 그 상품 생산에 절대 우위가 있다고 합니다.

(다) A국과 B국의 사례를 살펴봅시다. A국과 B국의 노동자 1명이 동일한 기간에 생산할 수 있는 쌀과 밀의 생산량을 보면, A국에서는 쌀 3톤을 생산하거나 밀 2톤을 생산할 수 있고, B국에서는 쌀 1톤을 생산하거나 밀 3톤을 생산할 수 있습니다. 쌀을 생산할 때 A국이 B국보다 생산 요소를 더 적게 들여서 생산할 수 있고, 밀을 생산할 때에는 B국이 A국보다 생산 요소를 더 적게 들여서 생산할 수 있습니다. 따라서 A국은 쌀 생산에, B국은 밀 생산에 절대 우위를 가진다고 할 수 있습니다. 그러므로 A국은 쌀을 생산하고 B국은 밀을 생산해서 서로 무역을 하면 두 국가가 모두 경제적 이익을 볼 수 있습니다.

(라) 한 나라가 두 상품 생산에서 모두 절대 우위를 가지더라도 무역은 이루어집니다. 한 나라가 다른 나라보다 두 상품 모두 더 적은 비용으로 생산할 수 있더라도 두 상품 중 상대적으로 비용이 적게 드는 것을 ❸특화해 무역을 하면 두 나라 모두 경제적 이익을 얻을 수 있기 때문입니다. 이렇게 어떤 상품을 상대적으로 다른 나라보다 더 적은 ❹기회비용으로 생산할 수 있을 때 그 상품 생산에 비교 우위가 있다고 합니다.

(마) A국과 B국의 사례에서 기회비용의 크기를 비교해 봅시다. A국과 B국의 노동자 1명이 동일한 기간에 생산할 수 있는 가방과 휴대 전화의 생산량을 비교해 보면, A국에서는 가방 3개를 생산하거나 휴대 전화 6대를 생산할 수 있으며, B국에서는 가방 1개를 생산하거나 휴대 전화 3대를 생산할 수 있습니다. 이때 가방 1개를 생산하려면 A국은 휴대 전화 2대를, B국은 휴대 전화 3대를 포기해야 합니다. 반면에 휴대 전화 1대를 생산하려면 A국은 가방 1/2개를, B국은 가방 1/3개를 포기해야 합니다. 따라서 A국은 두 상품에 모두 절대 우위가 있지만, 가방을 생산할 때 드는 기회비용이 B국보다 작으므로 가방 생산에 비교 우위가 있습니다. 또 B국은 휴대 전화를 생산할 때 드는 기회비용이 A국보다 작으므로 휴대 전화 생산에 비교 우위가 있습니다. 따라서 A국이 가방을, B국이 휴대 전화를 특화하여 생산하고 서로 무역하면 두 국가가 모두 경제적 이익을 얻게 됩니다.

(바) 이처럼 우리나라의 무역은 주로 기술력을 바탕으로 한 제품을 수출하고, 원료나 재료를 수입하는 형태로 이루어집니다. 따라서 우리나라가 무역에서 경쟁력을 가지기 위해서는 첨단 기술을 바탕으로 한 상품을 개발하는 것이 중요합니다. 또한 원유와 같은 수입품은 절약하는 생활 습관을 들여 **❺외화**가 낭비되는 것을 막아야 합니다.

---

❶ 상호: 상대가 되는 이쪽과 저쪽 모두.
❷ 우위: 남보다 나은 위치나 수준.
❸ 특화: 잘하는 산업이나 자원을 가장 효율적으로 사용할 수 있는 분야에 집중하는 것.
❹ 기회비용: 경제 활동에서 어느 한 가지를 선택하기 때문에 포기하게 된 것의 가치.
❺ 외화: 외국의 돈.

---

1 다음 빈칸에 알맞은 낱말을 넣어 이 글의 제목을 완성하세요.

> 절대 우위와 비교 우위로 보는 (   )

2 이 글의 내용과 맞지 <u>않는</u> 것은 어느 것인가요? (   )

① 비교 우위를 가진 상품을 생산해 무역을 하면 서로에게 이익이 된다.
② 각 나라는 우위가 있는 상품을 수출하고, 그렇지 않은 상품을 수입한다.
③ 한 나라가 모든 물건에서 절대 우위를 가진다면 무역은 일어나지 않는다.
④ 나라마다 가지고 있는 자연환경, 자본, 기술 등의 차이로 무역이 이루어진다.
⑤ 어떤 상품을 다른 나라보다 더 적은 비용으로 생산할 수 있는 것을 절대 우위라고 한다.

3 (다)에서 내용을 전개하는 방식으로 알맞은 것은 어느 것인가요? (   )

① 비교 우위가 발생하는 원인을 설명하였다.
② 절대 우위의 여러 가지 특징을 설명하였다.
③ 절대 우위와 비교 우위를 비교하여 설명하였다.
④ 절대 우위의 의미를 구체적인 사례를 들어 설명하였다.
⑤ 비교 우위를 가진 상품을 생산하는 국가들의 공통점을 설명하였다.

4 다음 (마)의 내용을 정리한 표를 보고, 알 수 있는 내용이 <u>아닌</u> 것은 무엇인가요? (   )

<A국과 B국의 노동자 1명이 생산할 수 있는 가방과 휴대 전화의 생산량>

구분	가방(개)	휴대 전화(대)
A국	3	6
B국	1	3

① A국은 가방을 생산하는 데 비교 우위가 있다.

② B국은 휴대 전화를 생산하는 데 비교 우위가 있다.

③ A국은 가방과 휴대 전화 생산 모두에 절대 우위가 있다.

④ 가방 1개를 생산하는 데 드는 기회비용은 A국이 B국보다 크다.

⑤ 휴대 전화 1대를 생산하는 데 드는 기회비용은 B국이 A국보다 작다.

5 다음 내용이 들어가기에 알맞은 곳은 어디인가요?   (   )

> 그렇다면 우리나라가 비교 우위를 가지고 수출하는 것에는 무엇이 있을까요? 우리나라는 제품을 만드는 기술이 뛰어나서 자동차, 반도체, 휴대 전화 등을 주로 수출합니다. 반면 천연자원은 부족한 편이기 때문에 필요한 원유를 사우디아라비아 등의 원유 생산국에서 수입하고, 열대 과일은 베트남, 필리핀 등에서 수입합니다.

① (나)의 앞   ② (다)의 앞   ③ (라)의 앞   ④ (마)의 앞   ⑤ (바)의 앞

6 우리나라가 무역을 어떻게 하는 것이 좋을지에 대해 바르게 말한 사람의 이름을 쓰세요.

> • 우진: 원료나 재료를 생산하는 데 힘쓰고 국제 무역을 줄이는 것이 좋겠어.
> • 하린: 외화 낭비를 막기 위해 외국에서 수입해 오는 품목을 늘리는 것이 좋겠어.
> • 도영: 비교 우위를 가지는 제품을 만들기 위해 기술 개발에 힘쓰는 것이 좋겠어.
> • 채아: 비교 우위를 가지지 않는 제품도 생산하여 수출 품목을 늘리는 것이 좋겠어.

(   )

12월 5일은 무역의 날

무역의 날은 무역의 균형 발전을 기원하고 무역을 통한 번영 의지를 다지기 위해 제정한 기념일입니다. 우리나라는 수출 1억 달러를 달성한 1964년 11월 30일을 기념해 '수출의 날'로 지정했다가 1990년부터 '무역의 날'로 이름을 바꾸었습니다. 이후 2011년 12월 5일, 세계에서 9번째로 무역 규모 1조 달러를 달성한 것을 기념해 2012년에 무역의 날을 12월 5일로 변경하였습니다.

하루 어휘

1 다음 밑줄 친 낱말의 뜻으로 알맞은 것을 선으로 이어 보세요.

(1) 상호의 입맛에 대해 자유롭게 이야기했다. •

(2) 우리 회사만의 특화 상품을 개발하기가 쉽지 않다. •

(3) 여러 가지 조건을 비교했을 때 이 물건은 우위를 보인다. •

• ㉠ 남보다 나은 위치나 수준.

• ㉡ 상대가 되는 이쪽과 저쪽 모두.

• ㉢ 잘하는 산업이나 자원을 가장 효율적으로 사용할 수 있는 분야에 집중하는 것.

2 다음 뜻풀이를 보고, 문장에 들어갈 알맞은 낱말을 골라 ○표 하세요.

(1) 그는 신제품을 { 개발 / 계발 } 하는 데 사력을 다했다.
└ 새로운 물건을 만들거나 새로운 생각을 내어놓음.

(2) 투자를 할 때에는 { 기회비용 / 물류비용 } 을 충분히 생각해야 한다.
└ 경제 활동에서 어느 한 가지를 선택하기 때문에 포기하게 된 것의 가치.

(3) 이번 정상 회담에서는 두 나라 사이의 { 무역 / 통역 } 협상이 주요 논점이 될 예정이다.
└ 나라와 나라 사이에 서로 물품을 사고파는 일.

3 다음의 뜻에 해당하는 낱말과 이와 반대의 뜻을 가진 낱말을 보기 에서 찾아 쓰세요.

> **보기** 낭비하다 불편하다 생산하다 소비하다 절약하다 편리하다

(1) 편하고 이로우며 이용하기 쉽다. ☐ ↔ ☐

(2) 시간이나 재물 따위를 헛되이 헤프게 쓰다. ☐ ↔ ☐

(3) 인간이 생활하는 데 필요한 각종 물건을 만들어 내다. ☐ ↔ ☐

4장 10일차 자동차 한 대 속의 세계

 **매체 독해**　다음 뉴스 화면을 보고, 물음에 답해 봅시다.

세계 최대 규모의 자유 무역 협정(FTA) 체결

　　한국·중국·일본 3개국과 동남아시아 국가 연합(ASEAN) 10개국, 호주·뉴질랜드의 총 15개국이 힘을 합쳐 '역내 포괄적 경제 동반자 협정(RCEP)'을 체결했습니다. RCEP의 체결로 인구, 무역 규모, 국내 총생산(GDP)이 각각 세계 전체의 30 %를 차지하는 세계 최대 규모의 자유 무역 협정(FTA)이 탄생하게 되었습니다. RCEP 가입국들은 품목별 관세 철폐와 서비스 시장의 추가 개방으로 수출길이 넓어질 것으로 보고 있으며, 나라마다 달랐던 원산지 기준을 통일하고 지식 재산권 보호 규범을 마련해 기업의 편의성과 투자 안정성도 높아질 것으로 기대하고 있습니다. 또한 코로나19로 악화된 무역 환경을 개선할 수 있는 기회가 될 전망입니다.

1　다음 빈칸에 들어갈 알맞은 말을 위 뉴스에서 찾아 쓰세요.

> 　　역내 포괄적 경제 동반자 협정(RCEP)은 우리나라를 포함해 총 (　　　　　　)개국
> 이 참여한 세계 최대 규모의 (　　　　　　)(FTA)이다.

2　역내 포괄적 경제 동반자 협정(RCEP)의 주요 내용이 <u>아닌</u> 것은 어느 것인가요? (　　　　)

① 품목별 관세 철폐　　　　　　　　② 원산지 기준 통일

③ 서비스 시장 추가 개방　　　　　④ 비가입국에 대한 관세 인상

⑤ 지적 재산권 보호 규범 마련

㉠우리나라의 주요 수출품 중 하나인 자동차는 어떻게 만들어질까요? 자동차 한 대를 만들기 위해서는 수많은 부품과 **❶원료**, 노동력이 필요한데, 이 모든 것이 우리나라에서 생산되는 것은 아닙니다. 자동차를 만들기 위해 필요한 사이드 미러, 에어백, 핸들, 오디오, 에어컨, 타이어 등은 프랑스, 이탈리아, 미국, 독일, 일본, 중국 등 다양한 나라들에서 들여와 조립하여 만들어집니다. 자동차의 주요 원료인 구리와 광산 자원은 사우디아라비아, 중국 등에서 수입하며, 때로는 **❷공정** 과정 또한 노동력이 저렴한 중국이나 인도 등에서 이루어지기도 합니다.

이처럼 우리나라는 세계의 여러 나라들과 경제 교류를 통해 물건을 생산하며, 생산한 물건을 다시 다른 나라에 수출하기도 합니다. 이렇게 우리나라에 부족한 자원, 물건, 노동력 등을 수입하고 발전된 기술과 좋은 물건을 수출하여 상호 교류하면 경제적 이익을 얻을 수 있습니다. 또한 우리나라는 다른 나라와 도움을 주고받으며 교류하는 동시에 같은 종류의 물건을 생산하는 나라들과 기술, 가격 면에서 서로 경쟁하기도 합니다. 이러한 상호 의존과 경쟁을 통한 국가 간의 경제 교류는 오늘날 교통과 통신이 발달하면서 단순히 물건뿐만 아니라 정치, 사회, 경제, 문화, 서비스 분야에까지 확대되어 가고 있습니다.

경제 교류로 무역이 활발해지면서 각 나라들은 이익을 보기도 하지만 다른 나라들과 문제를 겪기도 합니다. 예를 들면 자신들의 경제를 보호하기 위해 수입 상대국 상품의 수입액이나 수입량을 정해두고 더 이상 수입하지 않거나, 수입품에 높은 **❸관세**를 매겨 가격 경쟁에서 불리하게 만들기도 합니다. 또한 일방적으로 수입을 거부당해 다른 나라와 갈등을 겪기도 하며, 수입에 의존해야 하는 물건에 문제가 생겨 수입하지 못하는 어려움이 생기기도 합니다.

이에 세계 여러 나라들은 다른 나라와 경제 교류를 하면서 발생하는 문제점을 해결하기 위해 국제기구를 만들어 도움을 요청하거나 **❹협정**을 맺어 무역과 관련된 규칙을 정하게 되었습니다. 오늘날에는 나라와 나라 사이에 문제가 발생하면 세계 무역 기구(WTO)를 통해 이를 공정하게 심판하고 경제 질서를 유지합니다. 또한 나라 간에 물건이나 서비스 등의 자유로운 이동을 위해 자유 무역 협정(FTA)을 맺음으로써 관세, 법과 제도 등의 문제를 줄이거나 없애 보다 자유로운 무역이 가능해졌습니다. 이렇게 세계 여러 나라들은 **❺급변**하는 경제 환경 속에서 서로 협력하고 경쟁하면서 더욱 성장하게 되었습니다.

---

❶ 원료: 어떤 물건을 만드는 데 들어가는 재료.
❷ 공정: 한 제품이 완성되기까지 거쳐야 하는 하나하나의 작업 단계.
❸ 관세: 수출·수입되거나 통과되는 화물에 대하여 부과되는 국세의 하나.
❹ 협정: 정부가 다른 나라의 정부와 약정을 맺음.
❺ 급변: 상황이나 상태가 갑자기 달라짐.

1 이 글의 중심 내용으로 알맞은 것은 어느 것인가요?　　　　　　　　（　　　　）

① 경제 교류가 확대된 까닭
② 세계 여러 나라의 경제 교류
③ 경제 교류로 발생하는 문제점
④ 우리나라와 경제 교류하는 주요 국가
⑤ 경제 교류를 통한 자동차의 생산 과정

2 ㉠에 대한 답으로 알맞지 <u>않은</u> 것은 어느 것인가요?　　　　　　　　（　　　　）

① 세계 여러 나라들과 함께 생산한다.
② 필요한 부품을 다양한 나라에서 들여온다.
③ 다른 나라에서 생산된 원료를 수입해 온다.
④ 노동력이 저렴한 곳에서 공정이 이루어진다.
⑤ 주로 우리나라에서 생산된 것들을 조립한다.

3 다음 빈칸에 들어갈 알맞은 말을 이 글에서 찾아 쓰세요.

우리나라는 부족한 자원, 물건, 노동력 등을 （　　　　　　　）하고 발전된 기술과 좋은 물건을 （　　　　　　　）하여 다른 나라와 상호 교류하며 경제적 이익을 얻는다.

4 이 글의 내용과 맞지 <u>않는</u> 것은 어느 것인가요?　　　　　　　　（　　　　）

① 세계 시장에서 국가 간의 경쟁은 사라져야 한다.
② 서비스 분야에서도 국가 간의 교류가 이루어진다.
③ 교통과 통신의 발달로 국가 간의 교류가 활발해지고 있다.
④ 세계 여러 나라들은 상호 교류하면서 경제적 이익을 얻는다.
⑤ 자유 무역 협정은 관세, 법과 제도 등의 문제를 줄이거나 없애는 역할을 한다.

5 경제 교류를 하면서 생기는 문제점으로 알맞지 <u>않은</u> 것은 어느 것인가요?　　　（　　　　）

① 일방적인 수입 거부
② 수입품에 대한 높은 관세 부과
③ 수입 상대국 상품의 수입량 제한
④ 수입에 의존해야 하는 물건의 수입 불가
⑤ 같은 종류의 물건을 생산하는 나라 사이의 경쟁

6 다음에서 설명하는 것을 이 글에서 찾아 쓰세요.

> 국가 간의 교류가 활발해지면서 만들어진 국제기구로, 나라와 나라 사이의 문제를 공정하게 심판하고 경제 질서를 유지하는 역할을 한다.

（　　　　　　　　　　）

7 이 글을 읽고, 다음 내용을 이해한 것으로 알맞지 <u>않은</u> 것은 어느 것인가요?　　　（　　　　）

> 한국 콘텐츠 진흥원에서 실시한 '2021 해외 시장의 한국 게임 이용 조사' 결과, 총 9개국에서 한국 게임을 이용하는 만 15세 이상 이용자 500명의 게임 이용 시간이 컴퓨터와 모바일 모두 크게 늘어난 것으로 나타났다. 현재 한국의 게임 산업은 중국, 일본, 북미, 유럽 지역에서 인기를 끌어 수출액이 4조 원을 넘어섰으며, 매년 증가하고 있다.

① 우리나라는 게임 수출을 통해 경제적 이익을 얻는다.
② 우리나라는 다른 나라와 게임 분야에서 경쟁하기도 한다.
③ 중국, 일본, 북미, 유럽 지역은 우리나라보다 게임 제작 기술이 뒤쳐진다.
④ 우리나라는 게임과 같은 서비스 분야에서 세계 여러 나라와 교류하고 있다.
⑤ 게임 수출을 두고 다른 나라와 문제가 발생하면 세계 무역 기구에 도움을 요청할 수 있다.

배경 +지식 넓히기

경제 질서를 유지하는 세계 무역 기구(WTO)
세계 무역 기구는 나라 사이에 무역과 관련된 문제가 발생했을 때 이를 공정하게 심판하기 위해 만들어진 국제기구입니다. 세계 무역 기구는 무역 문제의 옳고 그름을 판단하며, 각 나라의 정책을 인정하면서도 무역의 장벽을 낮추기 위해 무역 관련 정책을 세우는 기준을 제시합니다. 또한 농산물, 서비스 등의 교역에도 관여하여 공정한 무역 질서를 만들기 위해 노력하고 있습니다.

1 다음의 뜻을 가진 낱말을 보기 에서 찾아 쓰세요.

보기   공정   관세   원료   협정

(1) 어떤 물건을 만드는 데 들어가는 재료.   (   )
(2) 정부가 다른 나라의 정부와 약정을 맺음.   (   )
(3) 한 제품이 완성되기까지 거쳐야 하는 하나하나의 작업 단계.   (   )
(4) 수출·수입되거나 통과되는 화물에 대하여 부과되는 국세의 하나.   (   )

2 다음 문장에 들어갈 알맞은 말을 골라 ○표 하세요.

(1) 그녀는 정직하고 (저렴한 / 청렴한) 사람이다.
이곳은 우리 동네에서 고기 가격이 가장 (저렴한 / 청렴한) 정육점이다.

(2) 우유를 (가공하여 / 가열하여) 치즈를 만들었다.
끓는 물에 그릇을 (가공하여 / 가열하여) 소독했다.

(3) 매체의 발달로 사회가 (급감하고 / 급변하고) 있다.
계란 가격의 상승으로 소비자들의 수요가 (급감하고 / 급변하고) 있다.

3 다음 문장에서 '과정'이 어떤 뜻으로 쓰였는지 선으로 이어 보세요.

(1) 게임 진행 과정을 공책에 정리했다.

(2) 드디어 초등학교 과정을 모두 마치고 졸업한다.

⊙ 일이 되어 가는 경로.

(3) 교양 수업에서 신생아 발달 과정에 대해 배웠다.

ⓒ 일정한 기간에 교육하거나 학습하여야 할 과목의 내용과 분량.

(4) 그는 뒤늦게 검정고시로 고등학교 과정을 마쳤다.

신나는 퍼즐 퍼즐

낱말판의 가로, 세로, 대각선에 숨어 있는 낱말을 찾으며,
주제2에서 공부한 용어의 뜻을 다시 한번 떠올려 봐요.

후	생	경	수	출	기	회	비	용
경	산	제	국	생	산	요	소	이
공	물	협	금	내	경	제	익	한
업	정	선	은	모	총	특	화	강
종	장	업	주	절	으	생	물	의
관	무	료	누	대	사	기	산	기
세	자	역	리	우	교	류	운	적
금	재	업	지	위	적	시	장	동

힌트

❶ 부피에 비하여 무게가 가벼운 신발, 가방, 의류 등의 물건을 만드는 공업.

❷ 6·25 전쟁 이후 이루어진 우리나라의 눈부신 경제 성장을 독일 라인강의 기적에 견주어 부르는 말.

❸ 일정 기간 한 나라 안에서 생산한 최종 재화와 서비스의 시장 가치를 모두 합한 것.

❹ 시간과 공간을 뛰어넘어 다양한 형태의 생산물과 생산 요소가 거래되는 곳.

❺ 생산 활동에 들어가는 모든 요소. 예 ○○ ○○에는 노동, 토지, 자본이 있다.

❻ 나라와 나라 사이에 필요한 물건이나 서비스를 사고파는 일. 비슷 수출입, 교역

❼ 어떤 상품을 생산할 때 다른 나라보다 더 적은 생산 비용으로 생산할 수 있는 것.

❽ 경제 활동에서 어느 한 가지를 선택하기 때문에 포기하게 된 것의 가치.

❾ 수출·수입되거나 통과되는 화물에 대하여 부과되는 국세의 하나.

❿ 정부가 다른 나라의 정부와 약정을 맺음. 예 자유 무역 ○○(FTA)

이번 주에 공부할 내용에 대한
주간 학습 계획을 세워 보세요.

	공부할 내용	교과 연계	공부한 날	스스로 평가
1장	세계의 여러 대륙과 대양	사회 6-2 [1단원]	월 일	😢 😋 😚
2장	나라의 모양이 모두 제각각이에요	사회 6-2 [1단원]	월 일	😢 😋 😚
3장	세계 곳곳의 다양한 기후	사회 6-2 [1단원], 중등 사회① [2단원]	월 일	😢 😋 😚
4장	독특한 자연환경이 나타나는 곳	사회 6-2 [1단원], 중등 사회① [3단원]	월 일	😢 😋 😚

세계의 여러 대륙과 대양

정답 확인

하루한장 앱에서
학습 인증하고
하루템을 모으세요!

매체 독해 다음 인터넷 검색 결과를 보고, 물음에 답해 봅시다.

) 세계의 대륙과 대양

0   2,000 km

유럽 / 아시아 / 북아메리카 / 대서양 / 태평양 / 적도 / 아프리카 / 대서양 / 인도양 / 남아메리카 / 오세아니아 / 북극해 / 남극해

(출처: 세계 각국 요람, 2021)

함께 많이 본 자료

5대양 6대륙
어린이 백과사전

태평양 [太平洋]
어린이 백과사전

바다 이름의 '양'과 '해'
시사 상식 사전

세계의 바다 - 5대양
(09:30)
동영상

『세계의 여러 대륙과 대양』
관련 도서

• **대륙**: 바다로 둘러싸인 큰 땅덩어리를 말합니다. 세계에서 가장 큰 섬인 그린란드보다 면적이 넓으면 대륙이라고 합니다. 대륙에는 아시아, 아프리카, 유럽, 오세아니아, 북아메리카, 남아메리카가 있습니다.
• **대양**: 세계의 많은 바다 가운데 특히 큰 바다를 말합니다. 태평양, 대서양, 인도양, 북극해, 남극해가 있습니다.

1 세계의 대륙을 바르게 묶은 것은 어느 것인가요? (   )

① 유럽, 아시아, 태평양　　　　　② 대서양, 인도양, 태평양
③ 남극해, 북극해, 남아메리카　　④ 인도양, 아프리카, 오세아니아
⑤ 아프리카, 북아메리카, 오세아니아

2 위 인터넷 검색 결과에 대한 내용으로 옳은 것에는 ○표, 옳지 <u>않은</u> 것에는 ×표 하세요.

(1) 대륙은 여섯 개, 대양은 다섯 개로 나뉘어져 있다.　　　　　　　　(   )
(2) 대양에 속하는 바다의 이름에는 모두 '양'이 붙는다.　　　　　　　(   )
(3) 태평양은 아시아, 오세아니아, 아프리카 대륙으로 둘러싸여 있다.　(   )
(4) 세계에서 가장 큰 섬인 그린란드보다 면적이 넓으면 대륙으로 구분한다.　(   )

　우주에서 큰 망원경으로 지구를 바라보면 파란색의 바탕 위에 황토색이나 초록색으로 된 얼룩덜룩한 부분을 볼 수 있습니다. 파란색은 넓은 바다를 나타내고, 황토색이나 초록색은 울퉁불퉁한 육지를 나타냅니다. 이처럼 지구는 육지와 바다로 이루어져 있으며, 지구의 면적에서 육지는 약 30 %, 바다는 약 70 %를 차지합니다. 육지는 크게 몇 개의 대륙으로 나뉩니다. 대륙은 바다로 둘러싸인 큰 땅덩어리를 말하며, 세계에서 가장 큰 섬인 그린란드보다 면적이 넓으면 대륙, 좁으면 섬으로 구분합니다. 그리고 세계의 바다 가운데 특히 큰 바다를 대양이라고 합니다.

　대륙에는 아시아, 아프리카, 유럽, 오세아니아, 북아메리카, 남아메리카가 있습니다. 우리나라가 속해 있는 아시아는 가장 큰 대륙으로, 세계 육지 면적의 약 30 %를 차지합니다. 아프리카는 아시아 다음으로 큰 대륙으로, ❶북반구와 ❷남반구에 ❸걸쳐 있습니다. 유럽은 다른 대륙에 비해 면적은 좁지만 많은 나라가 모여 있습니다. 가장 작은 대륙인 오세아니아는 오스트레일리아, 뉴질랜드를 비롯한 남태평양 지역의 여러 섬들로 이루어져 있으며, 남반구에 속해 있습니다. 북아메리카는 미국과 캐나다를 비롯해 북쪽의 그린란드를 포함하는 지역으로, 북반구에 속해 있습니다. 남아메리카는 대부분 남반구에 속해 있고, 북아메리카와 달리 많은 나라가 있습니다.

　대양에는 태평양, 대서양, 인도양, 북극해, 남극해가 있습니다. 태평양은 가장 큰 대양으로, 다른 대양들을 모두 합한 크기와 비슷할 정도로 큽니다. 또한 태평양은 아시아, 오세아니아, 북아메리카, 남아메리카 대륙으로 둘러싸여 있으며, 우리나라와 ❹인접해 있습니다. 대서양은 아프리카, 유럽, 아메리카 등에 둘러싸여 있고, 인도양은 아시아, 아프리카, 오세아니아 등에 인접해 있습니다. 북극해는 북극 주변에 있는 바다로 대부분 얼음으로 덮여 있으며 아시아, 유럽, 북아메리카 대륙에 둘러싸여 있습니다. 남대양이라고도 불리는 남극해는 남극 대륙을 둘러싸고 있는 바다로, 2000년 국제 수로 기구(IHO)에 의해 대양으로 분류되었습니다.

　이러한 세계의 ❺주요 대양과 대륙을 가리켜 흔히 '5대양 6대륙'이라고 합니다. 그리고 5대양 중 태평양과 대서양을 남과 북으로 나누어 남태평양, 북태평양, 남대서양, 북대서양, 인도양, 북극해, 남극해의 7대양으로 ❻간주하기도 합니다. 또 6대륙에 남극 대륙을 포함해 7대륙으로 분류하기도 합니다.

----

❶ **북반구**: 적도를 경계로 지구를 둘로 나누었을 때의 북쪽 부분.
❷ **남반구**: 적도를 경계로 지구를 둘로 나누었을 때의 남쪽 부분.
❸ **걸치다**: 일정한 횟수나 시간, 공간을 거쳐 이어지다.
❹ **인접하다**: 이웃하여 있다. 또는 옆에 닿아 있다.
❺ **주요**: 주되고 중요함.
❻ **간주하다**: 상태, 모양, 성질 따위가 그와 같다고 보거나 그렇다고 여기다.

1 이 글의 중심 낱말로 알맞은 것은 어느 것인가요? (정답 2개)　　　　　　（　　　　）

① 섬　　　　　　　　　② 대륙　　　　　　　　　③ 대양
④ 면적　　　　　　　　⑤ 지구

2 이 글의 짜임을 알맞게 나타낸 것은 어느 것인가요?　　　　　　　　（　　　　）

①
1문단
2문단
3문단
4문단

②
1문단
2문단
3문단　4문단

③
1문단
2문단　3문단
4문단

④
1문단
2문단　3문단　4문단

⑤
1문단
2문단　3문단　4문단

3 이 글에서 알 수 있는 내용으로 알맞지 <u>않은</u> 것은 어느 것인가요?　　　　（　　　　）

① 육지가 바다보다 약 2배 이상 크다.
② 지구는 북반구와 남반구로 나눌 수 있다.
③ 세계의 바다 가운데 특히 큰 바다를 대양이라고 한다.
④ 2000년부터 태평양, 대서양, 인도양, 북극해, 남극해의 5대양이 되었다.
⑤ 6대륙에는 아시아, 아프리카, 유럽, 오세아니아, 북아메리카, 남아메리카가 포함된다.

4 다음에서 설명하는 것은 무엇인지 이 글에서 찾아 쓰세요.

> 세계에서 가장 큰 섬으로, 이 섬보다 면적이 넓으면 대륙, 좁으면 섬으로 구분한다.

（　　　　　　　　　　）

5 아시아 대륙의 특징을 보기 에서 모두 고른 것은 어느 것인가요? (   )

> 보기
> ㉠ 우리나라가 속해 있는 대륙이다.
> ㉡ 다른 대륙에 비해 면적은 좁지만 많은 나라가 모여 있다.
> ㉢ 가장 큰 대륙으로, 세계 육지 면적의 약 30 %를 차지한다.
> ㉣ 미국과 캐나다를 비롯해 북쪽의 그린란드를 포함하는 지역이다.

① ㉠, ㉡   ② ㉠, ㉢   ③ ㉡, ㉢
④ ㉡, ㉣   ⑤ ㉢, ㉣

6 세계의 대양에 대한 설명을 바르게 연결한 것은 어느 것인가요? (   )

① 남극해 – 가장 큰 대양으로, 우리나라와 인접해 있다.
② 대서양 – 아프리카, 유럽, 아메리카 등에 둘러싸여 있다.
③ 북극해 – 아시아, 아프리카, 오세아니아 등에 인접해 있다.
④ 인도양 – 2000년 국제 수로 기구에 의해 대양으로 분류되었다.
⑤ 태평양 – 대부분 얼음으로 덮여 있으며 아시아, 유럽, 북아메리카 대륙에 둘러싸여 있다.

7 다음 빈칸에 들어갈 알맞은 말을 이 글에서 찾아 쓰세요.

> 세계의 주요 대양과 대륙을 '5대양 6대륙'이라고 부르기도 한다. 또한 남태평양, 북태평양, 남대서양, 북대서양, (   ), 북극해, 남극해로 나눈 7대양으로 간주하기도 하며, 아시아, 아프리카, 유럽, 북아메리카, 남아메리카, 오세아니아에 (   )을/를 포함해 7대륙으로 분류하기도 한다.

배경 +지식 넓히기

남극 대륙

세계 육지 면적의 약 9.3 %를 차지할 만큼 거대한 남극 대륙은 지구에서 가장 추운 곳으로, 두꺼운 얼음이 육지를 뒤덮고 있습니다. 이곳은 어느 나라의 영토도 아니며, 남극을 연구하러 온 여러 나라의 연구원들만이 머물고 있습니다. 현재 우리나라도 이곳에 세종 과학 기지와 장보고 과학 기지를 세워 남극에 대한 연구를 하고 있습니다.

1 다음 밑줄 친 낱말의 뜻을 보기 에서 찾아 기호를 쓰세요.

> 보기
> ㉠ 이웃하여 있다. 또는 옆에 닿아 있다.
> ㉡ 일정한 횟수나 시간, 공간을 거쳐 이어지다.
> ㉢ 상태, 모양, 성질 따위가 그와 같다고 보거나 그렇다고 여기다.

(1) 솔이는 이틀에 걸쳐 방을 정리했다. ( )

(2) 나는 바다에 인접한 마을에 살고 있다. ( )

(3) 선생님들은 이번 운동회를 성공적이었다고 간주했다. ( )

2 다음 그림에서 가리키는 것의 뜻을 보고 알맞은 낱말을 쓰세요.

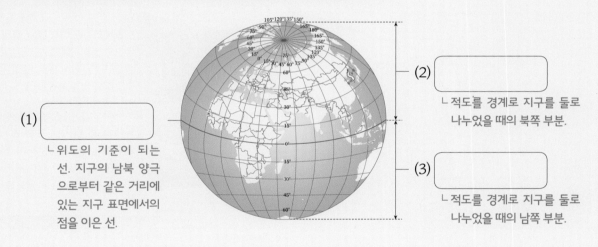

(1) [　　　　　]
 ∟ 위도의 기준이 되는
  선. 지구의 남북 양극
  으로부터 같은 거리에
  있는 지구 표면에서의
  점을 이은 선.

(2) [　　　　　]
 ∟ 적도를 경계로 지구를 둘로
  나누었을 때의 북쪽 부분.

(3) [　　　　　]
 ∟ 적도를 경계로 지구를 둘로
  나누었을 때의 남쪽 부분.

3 다음 문장에서 '이루어지다'가 어떤 뜻으로 사용되었는지 번호를 쓰세요.

> 이루어지다
> ① 뜻한 대로 되다.
> ② 몇 가지 부분이나 요소가 모여 일정한 성질이나 모양을 가진 존재가
>   되다.

(1) 새연이는 자신의 소원이 이루어지기를 빌었다. ( )

(2) 아기는 과자와 초콜릿으로 이루어진 집을 보고 활짝 웃었다. ( )

(3) 우리 학교의 오케스트라는 6학년 학생들로만 이루어져 있다. ( )

(4) 나의 계획에 따라 모든 것이 정확히 이루어져서 기분이 좋았다. ( )

나라의 모양이 모두 제각각이에요

 **매체 독해** 다음 여행 정보 자료를 보고, 물음에 답해 봅시다.

사막부터 빙하까지, 매력이 넘치는 칠레

건조 기후의 북부 지역부터 온대 기후의 중부 지역, 냉·한대 기후의 남부 지역까지
영토가 남북으로 길게 뻗어 있어 지역별로 서로 다른 기후를 만나볼 수 있어요.

0°

칠레

태평양

대서양

아타카마 사막

세계에서 가장 건조한 사막
으로, 달의 표면을 닮은 지형
과 쏟아질 듯 밤하늘을 가득
메운 별을 볼 수 있어요.

산티아고

칠레의 수도이자 정치, 경제,
문화의 중심지예요. 또 세계적
인 포도주 생산지로 맛있는
포도주를 맛볼 수 있어요.

토레스 델 파이네 국립 공원

거대한 빙하가 만들어 낸
독특한 대지와 그 안에서 뛰
노는 다양한 야생 동물을 만
날 수 있어요.

1 칠레에 대한 설명으로 알맞지 <u>않은</u> 것은 어느 것인가요? ( )

① 수도는 산티아고이다.　　　　　② 서쪽으로 태평양과 접해 있다.

③ 사막과 빙하를 모두 볼 수 있다.　　④ 세계에서 가장 넓은 사막이 있다.

⑤ 세계적인 포도주 생산지가 있다.

2 칠레에서 지역별로 서로 다른 기후가 나타나는 까닭을 바르게 말한 사람의 이름을 쓰세요.

> • 선빈: 영토가 남북으로 길게 뻗어 있기 때문이야.
> • 재호: 수많은 섬들로 이루어진 섬나라이기 때문이야.
> • 주연: 해발 고도가 높은 산지에 위치한 나라이기 때문이야.

( )

지구본이나 세계 지도를 보면 나라와 나라 사이에 선이 그어져 있습니다. 바로 국가 간 영토의 경계를 나타내는 국경선입니다. 국경선은 일반적으로 산맥이나 큰 강, 호수 등의 지형적 특성에 따라 그어집니다. 또 위도나 경도에 따라 정해지기도 하고 국가 간의 합의 또는 **❶**이해관계에 영향을 받기도 합니다. 이처럼 다양한 상황과 조건에 따라 설정된 국경선은 각 나라의 영토 모양을 결정하기 때문에 세계 여러 나라의 영토 모양은 제각각 다르게 나타납니다.

유럽에는 영토의 모양이 장화와 닮은 독특한 모양의 나라가 있습니다. 유럽 남부의 지중해 쪽으로 툭 튀어나온 이탈리아입니다. 이탈리아는 약 1,200 km 길이의 남북으로 긴 장화 모양의 **❷**반도와 그 부근의 섬으로 이루어진 나라로, 북쪽의 알프스산맥을 경계로 프랑스, 스위스, 오스트리아와 접하고 있습니다.

남아메리카의 남서부에 있는 칠레는 남북의 길이가 세계에서 가장 긴 나라입니다. 그 길이가 약 4,300 km로 남한의 길이보다 무려 10배가량 깁니다. 영토의 모양이 남북으로 길다 보니 북부 지역은 건조 기후, 중부 지역은 온대 기후, 남부 지역은 냉·한대 기후를 보이는 등 지역별로 서로 다른 기후가 나타납니다. 따라서 ㉠칠레로 여행을 간다면 사계절의 옷을 다 챙겨야 할 것입니다.

아프리카의 북동부에 있는 이집트는 영토의 모양이 사각형과 비슷합니다. 영토 모양이 사각형인 까닭은 국경선이 자로 그은 듯 직선으로 되어 있기 때문입니다. 과거 유럽의 **❸**제국주의 국가들은 아프리카 대륙을 **❹**식민지로 삼기 위하여 아프리카 대륙 **❺**각지에서 영토 싸움을 벌였습니다. 그 결과 아프리카의 많은 나라는 위도와 경도를 기준으로 영토가 **❻**분할되었고, 이집트처럼 직선 형태의 국경선을 가진 나라가 많아지게 되었습니다.

1만 7,500여 개의 섬들로 이루어져 있는 나라도 있습니다. 세계 최대의 섬나라인 인도네시아는 동남아시아에 있는 나라로, 인도양과 태평양 사이에 위치합니다. 인도네시아에 속하는 수많은 섬들의 해안선 길이를 합치면 약 5만 4,700 km나 됩니다.

이 밖에도 영토가 동서로 길게 뻗어 있는 러시아, 둥근 모양인 탄자니아, 부메랑 모양인 소말리아 등 세계 여러 나라의 영토 모양은 매우 다양합니다. 우리가 어떤 나라를 방문할 때 그 나라의 영토 모양을 함께 공부한다면, 그 나라의 자연환경이나 역사, 문화 등을 이해하는 데 보다 도움이 될 것입니다.

----

❶ 이해관계: 서로 이익과 손해가 걸려 있는 관계.

❷ 반도: 삼면이 바다로 둘러싸이고 한 면은 육지에 이어진 땅.

❸ 제국주의: 우월한 군사력과 경제력으로 다른 나라나 민족을 정벌하여 대국가를 건설하려는 침략주의적 경향.

❹ 식민지: 정치적·경제적으로 다른 나라의 지배를 받아 국가로서의 주권을 상실한 나라.

❺ 각지: 각 지방. 또는 여러 곳.

❻ 분할: 나누어서 관할함.

1 이 글의 중심 내용으로 알맞은 것은 어느 것인가요? ( )

① 세계 여러 나라의 위치
② 세계 여러 나라의 영토 크기
③ 세계 여러 나라의 다양한 문화
④ 세계 여러 나라의 독특한 자연환경
⑤ 세계 여러 나라의 다양한 영토 모양

2 이 글의 주요 설명 방법으로 알맞은 것은 어느 것인가요? ( )

① 전문가의 의견을 인용하고 있다.
② 구체적인 예시를 들어 설명하고 있다.
③ 용어의 개념을 쉽게 풀이하여 설명하고 있다.
④ 시간의 순서에 따라 단계적으로 서술하고 있다.
⑤ 두 가지의 다른 대상을 비교하여 설명하고 있다.

3 다음에서 설명하는 것은 무엇인지 이 글에서 찾아 쓰세요.

> • 나라와 나라 사이에 그어져 있는 선으로, 국가 간 영토의 경계선을 말한다.
> • 일반적으로 지형적 특성에 따라 그어지며, 각 나라의 영토 모양을 결정한다.

( )

4 이탈리아의 특징을 보기 에서 모두 고른 것은 어느 것인가요? ( )

> 보기
> ㉠ 영토의 모양이 동서로 길게 뻗어 있다.
> ㉡ 남북으로 긴 장화 모양의 반도와 그 부근의 섬으로 구성되었다.
> ㉢ 건조 기후, 온대 기후, 냉·한대 기후 등 다양한 기후가 나타난다.
> ㉣ 북쪽의 알프스산맥을 경계로 프랑스, 스위스, 오스트리아와 접하고 있다.

① ㉠, ㉡
② ㉠, ㉣
③ ㉡, ㉢
④ ㉡, ㉣
⑤ ㉢, ㉣

5 ㉠의 까닭으로 알맞은 것은 어느 것인가요? ( )

① 일교차가 커서 낮에는 덥고 밤에는 서늘하기 때문에
② 일 년 내내 날씨가 온화하여 관광하기에 좋기 때문에
③ 영토가 남북으로 길어서 다양한 기후가 나타나기 때문에
④ 영토가 동서로 길어서 다양한 시간대가 나타나기 때문에
⑤ 해발 고도가 높아서 기온이 낮고 눈이 많이 내리기 때문에

6 다음 지도의 나라에 대한 설명으로 알맞은 것은 어느 것인가요? (정답 2개) ( )

① 세계 최대의 섬나라이다.
② 아프리카의 북동부에 있다.
③ 국경선이 곡선으로 되어 있다.
④ 인도양과 태평양 사이에 위치한다.
⑤ 위도와 경도를 기준으로 영토가 분할되었다.

7 세계 여러 나라의 영토 모양에 대해 바르게 말한 사람의 이름을 모두 쓰세요.

- 연두: 탄자니아의 영토는 둥근 모양이야.
- 지후: 러시아의 영토는 동서로 길게 뻗어 있어.
- 미라: 소말리아는 1만 7,500여 개의 섬들로 이루어져 있어.
- 서진: 칠레의 영토는 이탈리아 영토의 길이보다 무려 10배가량 길어.

( )

세계 여러 나라의 다양한 영토 모양
세계에는 칠레나 아르헨티나, 노르웨이처럼 영토의 모양이 남북으로 길게 뻗어 있는 나라도 있고, 러시아처럼 동서로 길게 뻗어 있는 나라도 있습니다. 탄자니아나 체코, 레소토처럼 영토가 둥근 모양을 하고 있는 나라도 있습니다. 또 아프리카의 몇몇 나라들과 북아메리카의 미국과 캐나다처럼 국경선이 반듯한 나라도 있습니다. 미국과 캐나다는 오래전 영유권 분쟁을 벌이다가 동부 지역을 제외하고는 북위 49°에 맞춰진 직선을 국경선으로 하는 것에 합의하였습니다.

1 다음 밑줄 친 낱말의 뜻으로 알맞은 것을 선으로 이어 보세요.

(1) 우리나라는 <u>반도</u> 국가 중 하나이다. •

(2) <u>식민지</u> 시대에 많은 백성은 고통 속에서 삶을 살았다. •

(3) 여름 방학에는 가족들과 전국 <u>각지</u>를 여행할 계획이다. •

• ㉠ 각 지방. 또는 여러 곳.

• ㉡ 삼면이 바다로 둘러싸이고 한 면은 육지에 이어진 땅.

• ㉢ 정치적·경제적으로 다른 나라의 지배를 받아 국가로서의 주권을 상실한 나라.

2 다음 문장에 들어갈 알맞은 낱말을 골라 ○표 하세요.

(1) 그는 아픈 제비를 (정성 / 특성)을 다해 보살폈다.
이번 시간에는 우리 지역의 (정성 / 특성)에 대해 말해 봅시다.

(2) 2반과 5반은 다음 주에 축구 시합을 하기로 (함의 / 합의)하였다.
다음 이야기를 읽고, 글 속에 숨겨져 있는 (함의 / 합의)가 무엇인지 말해 봅시다.

(3) 영현이는 미국 (본토 / 영토) 발음으로 영어 책을 읽었다.
광개토 대왕은 한강 이북에서 만주까지 (본토 / 영토)를 확장하였다.

3 다음 문장에서 '챙기다'가 어떤 뜻으로 사용되었는지 번호를 쓰세요.

챙기다 ── ① 필요한 물건을 찾아서 갖추어 놓거나 무엇을 빠뜨리지 않았는지 살피다.
② 거르지 않고 잘 거두다.
③ 자기 것으로 취하다.

(1) 우리 아빠는 아침 식사를 꼬박꼬박 <u>챙겨</u> 드신다. (　　　)
(2) 미술 시간에 필요한 준비물을 어젯밤에 미리 <u>챙겼다.</u> (　　　)
(3) 자판기에는 거스름돈을 <u>챙기는</u> 것을 잊지 말라는 안내문이 붙어 있다. (　　　)

세계 곳곳의 다양한 기후

매체 독해 다음 백과사전을 보고, 물음에 답해 봅시다.

어린이 백과사전

❭세계의 기후

▶ 기후의 의미

기후는 어떤 지역에서 오랜 기간에 걸쳐 나타나는 평균적인 대기 상태를 말하며, 짧은 기간의 대기 상태를 말하는 날씨와는 구분됩니다.

▶ 기후 구분 방법

독일의 기후학자인 쾨펜(1846~1940)은 식생 분포에 영향을 미치는 기온과 강수량을 기준으로 세계의 기후를 구분하였습니다.

▲ 쾨펜

이후 미국의 지리학자인 트레와다는 쾨펜의 기후 구분에 해발 고도가 높은 지역에서 나타나는 고산 기후를 추가하였습니다.

▶ 세계의 기후 구분

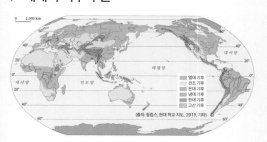

(출처: 윌림스, 현대 학교 지도, 2019, 기타)

기후는 해당 지역의 평균 기온과 강수량 등을 기준으로 구분됩니다. 또한, 각 나라의 위치나 지형에 따라 기후가 다르게 나타나기도 합니다.

이에 따라 세계의 기후는 크게 열대 기후, 건조 기후, 온대 기후, 냉대 기후, 한대 기후, 고산 기후 등으로 나눌 수 있습니다.

---

1 쾨펜이 세계의 기후를 구분한 기준으로 알맞은 것은 어느 것인가요? (정답 2개) (　　　　　)

① 기온　　　　　　② 바람　　　　　　③ 강수량

④ 일조량　　　　　⑤ 해발 고도

2 기후에 대한 설명으로 옳은 것에는 ○표, 옳지 <u>않은</u> 것에는 ×표 하세요.

(1) 나라의 위치나 지형에 따라 다르게 나타나기도 한다. 　　　　　　(　　)

(2) 고산 기후는 해발 고도가 낮은 지역에서 나타나는 기후이다. 　　　(　　)

(3) 어떤 지역에서 오랜 기간에 걸쳐 나타나는 평균적인 대기 상태를 말한다. (　　)

(4) 쾨펜은 세계의 기후를 크게 열대, 건조, 온대, 냉대, 한대, 고산 기후로 구분하였다.

　　　　　　　　　　　　　　　　　　　　　　　　　　　　　　(　　)

세계의 기후는 비슷한 특성이 나타나는 곳끼리 묶어 몇 가지로 구분할 수 있습니다. 기후를 구분할 때에는 일반적으로 독일의 기후학자인 쾨펜의 기후 구분 방법이 널리 쓰입니다. 쾨펜은 ❶식생의 분포에 영향을 미치는 기후 요소인 기온과 강수량을 기준으로 세계의 기후를 열대 기후, 건조 기후, 온대 기후, 냉대 기후, 한대 기후로 구분하였습니다.

열대 기후는 가장 추운 달의 평균 기온이 18 ℃ 이상으로, 적도를 중심으로 한 저위도 지역에 널리 나타납니다. 일 년 내내 기온이 높아 기온의 ❷연교차가 작으며, 강수량이 많습니다. 열대 기후 지역 중에는 ❸연중 비가 많이 내려 울창한 밀림을 이루는 곳도 있고, 건기와 우기가 번갈아 나타나 초원이 넓게 펼쳐진 곳도 있습니다. 이 기후 지역에서는 전통적으로 ❹화전 농업을 통해 카사바, 얌 등을 재배하였으며, 요즘에는 커피, 카카오, 고무 등을 대규모로 재배하고 생태 관광 산업도 발달하고 있습니다.

건조 기후는 일 년 동안 내린 강수량이 500 mm 미만으로, 위도 20°~30° 일대에 주로 나타나며 바다와 멀리 떨어진 곳에서도 나타납니다. 아프리카의 사하라처럼 강수량이 매우 적어 사막이 넓게 나타나는 지역에서는 사람들이 오아시스나 강 주변에서 농사를 지으며 살아가고, 중앙아시아처럼 약간의 비나 눈이 내려 초원이 넓게 나타나는 지역에서는 사람들이 유목 생활을 하며 살아갑니다.

온대 기후는 가장 추운 달의 평균 기온이 –3 ℃ 이상 18 ℃ 미만으로, 사계절이 비교적 뚜렷하며 중위도 지역에 주로 나타납니다. 온대 기후 지역은 기온과 강수량이 적당하기 때문에 일찍부터 다양한 농업이 발달하고 많은 사람이 모여 살았습니다. 이에 따라 유럽에서는 주로 밀 농사를 짓고, 아시아에서는 벼농사를 짓습니다. 그리고 지중해 주변 지역에서는 올리브나 포도를 많이 재배합니다.

㉠냉대 기후는 가장 추운 달의 평균 기온이 –3 ℃ 미만이고 가장 따뜻한 달의 평균 기온이 10 ℃ 이상으로, 겨울은 몹시 춥고 길며 여름은 짧습니다. 러시아의 시베리아, 캐나다와 같이 북반구의 중위도와 고위도 지역에 주로 나타나며, 타이가라고 불리는 침엽수림이 널리 분포해 목재 및 ❺펄프 공업이 발달하였습니다. ㉡한대 기후는 가장 따뜻한 달의 평균 기온이 10 ℃ 미만인 곳으로, 극지방과 가까운 고위도 지역에 주로 나타납니다. 한대 기후 지역은 기온이 매우 낮아 농사가 거의 불가능하기 때문에 이곳 사람들은 순록을 유목하거나 북극곰, 바다표범 등을 사냥하며 생활해 왔습니다.

이처럼 세계의 다양한 기후는 각각의 기후 특성에 따라 고유한 자연환경을 만들어 냅니다. 또한 그곳에 사는 사람들의 생산 활동과 여러 가지 생활 방식에도 영향을 미치기 때문에 기후에 따라 지역별로 다양한 인문 환경이 나타나게 합니다.

----

❶ 식생: 어떤 일정한 장소에서 모여 사는 특유한 식물의 집단.
❷ 연교차: 1년 동안 측정한 기온, 습도 따위의 최댓값과 최솟값의 차이.
❸ 연중: 한 해 동안 내내.
❹ 화전: 주로 산간 지대에서 풀과 나무를 불살라 버리고 그 자리를 파 일구어 농사를 짓는 밭.
❺ 펄프: 종이 등을 만들기 위해 나무 등의 섬유 식물에서 뽑아낸 재료.

1 이 글의 제목으로 가장 알맞은 것은 어느 것인가요?　　　　　　　　(　　　　)

① 세계의 독특한 지형
② 쾨펜의 기후 구분 방법
③ 다양한 기후 환경과 지형
④ 세계의 다양한 인문 환경
⑤ 세계 주요 기후의 특성과 생활 모습

2 다음 빈칸에 알맞은 숫자를 넣어 세계의 기후를 구분하는 기준을 표로 정리하세요.

열대 기후	가장 추운 달의 평균 기온이 (　　　　　　) ℃ 이상
건조 기후	일 년 동안 내린 강수량이 (　　　　　　) mm 미만
온대 기후	가장 추운 달의 평균 기온이 –3 ℃ 이상 18 ℃ 미만
냉대 기후	가장 추운 달의 평균 기온이 (　　　　　) ℃ 미만, 가장 따뜻한 달의 평균 기온이 10 ℃ 이상
한대 기후	가장 따뜻한 달의 평균 기온이 (　　　　　) ℃ 미만

3 열대 기후 지역에 대한 설명으로 알맞지 <u>않은</u> 것은 어느 것인가요?　　　(　　　　)

① 일 년 내내 기온이 높아 기온의 연교차가 크다.
② 적도를 중심으로 한 저위도 지역에 널리 나타난다.
③ 연중 많은 비가 내리는 곳에서는 밀림을 이루기도 한다.
④ 커피, 카카오, 고무 등을 대규모로 재배하는 모습을 볼 수 있다.
⑤ 건기와 우기가 번갈아 나타나는 곳에서는 초원이 넓게 펼쳐지기도 한다.

4 다음 기후 그래프를 보고, 건조 기후에 해당하는 지역을 골라 ○표 하세요.

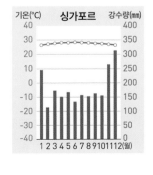 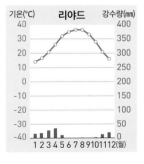 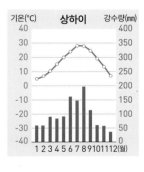 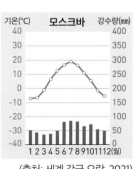

(출처: 세계 각국 요람, 2021)

(　　　　　)　　(　　　　　)　　(　　　　　)　　(　　　　　)

5 다음과 같은 특성이 나타나는 기후로 알맞은 것은 어느 것인가요?　　　　　（　　　　　）

> • 사계절이 비교적 뚜렷하며 중위도 지역에 주로 나타난다.
> • 기온과 강수량이 적당해서 일찍부터 다양한 농업이 발달하였다.

① 건조 기후　　　　　② 냉대 기후　　　　　③ 열대 기후
④ 온대 기후　　　　　⑤ 한대 기후

6 ㉠과 ㉡에 대한 설명으로 알맞지 <u>않은</u> 것은 어느 것인가요?　　　　　（　　　　　）

① ㉠ 지역은 목재 및 펄프 공업이 발달하였다.
② ㉠은 북반구의 중위도와 고위도 지역에 주로 나타난다.
③ ㉡ 지역은 기온이 매우 낮아서 농사가 거의 불가능하다.
④ ㉡ 지역에는 타이가라고 불리는 침엽수림이 널리 분포한다.
⑤ ㉡ 지역의 사람들은 순록을 유목하거나, 북극곰, 바다표범 등을 사냥하며 생활해 왔다.

7 이 글을 읽고 알게 된 사실을 바르게 말한 사람의 이름을 모두 쓰세요.

> • 유민: 기후에 따라 사람들의 생산 활동이 달라지는 것은 아니야.
> • 지환: 세계의 기후는 각각의 기후 특성에 따라 고유한 자연환경을 만들어 냈어.
> • 현서: 기후는 인간의 삶에는 영향을 미치지만 생물들의 삶에는 영향을 미치지 않아.
> • 승아: 기후는 인간 생활에 영향을 미쳐 지역별로 다양한 인문 환경이 나타나게 하는 원인이 돼.

（　　　　　　　　　　　）

사람이 거주하기에 유리한 기후 지역
사람이 한 지역에 오랫동안 거주하기 위해서는 무엇보다 식량을 확보하는 것이 중요합니다. 그래서 먼 옛날부터 기온과 강수량이 적당하여 농업 활동을 통해 식량을 생산할 수 있는 온대 기후 지역에 많은 사람이 거주하였습니다. 또한, 일 년 내내 온화한 기후가 나타나는 열대 고산 기후 지역에도 고산 도시가 발달하여 많은 사람이 거주하였습니다.

1 다음 밑줄 친 낱말의 뜻으로 알맞은 것을 선으로 이어 보세요.

(1) 열대 기후 지역은 기온의 <u>연교차</u>가 거의 없다. ·

· ㉠ 어떤 일정한 장소에서 모여 사는 특유한 식물의 집단.

(2) 할아버지는 <u>화전</u>을 일구어 구황 작물을 심으셨다. ·

· ㉡ 1년 동안 측정한 기온, 습도 따위의 최댓값과 최솟값의 차이.

(3) <u>식생</u>의 수직적 분포가 가장 뚜렷한 곳은 한라산이다. ·

· ㉢ 주로 산간 지대에서 풀과 나무를 불살라 버리고 그 자리를 파 일구어 농사를 짓는 밭.

2 다음 문장에 들어갈 말을 바르게 쓴 것에 ○표 하세요.

(1) 가을은 독서의 (개절 / 계절)이다.

(2) 우리 할머니는 옥수수를 (재배 / 재베)하신다.

(3) 할아버지는 자식들에게 재산을 공평하게 (분할 / 분활)해 주셨다.

3 다음 문장에서 밑줄 친 낱말의 기본형을 쓰고, 이와 비슷한 뜻을 가진 낱말을 보기 에서 찾아 쓰세요.

보기   얻다   정하다   적절하다

(1) 오늘은 운동하기에 매우 <u>적당한</u> 날씨이다. [   ] = [   ]

(2) 상현이는 반장 선거에서 80 %의 표를 <u>획득했다</u>. [   ] = [   ]

(3) 매일 줄넘기 200개를 하는 것을 목표로 <u>설정했다</u>. [   ] = [   ]

 **매체 독해** 다음 뉴스 화면을 보고, 물음에 답해 봅시다.

일본의 후지산, 세계 문화유산 등재

일본의 후지산이 유네스코 세계 문화유산에 등재되었습니다. 후지산은 수십만 년 전부터 화산 활동이 반복되면서 형성된 화산으로, 예로부터 일본 제일의 명산이자 신앙의 대상이 되어 왔습니다. 또한, 산꼭대기가 눈으로 덮인 경관은 특히 아름다워 많은 예술 작품의 주제가 되었습니다. 이에 유네스코는 후지산이 산악신앙(산에 종교적인 의미를 부여하고 각종 의례를 행하는 것)의 대상이자 많은 예술 작품의 소재로 쓰인 일본의 상징으로서 문화적 가치가 높다고 평가하여 세계 문화유산으로 등재하게 되었다고 하였습니다.

1 위 뉴스의 내용으로 옳은 것에는 ○표, 옳지 <u>않은</u> 것에는 ×표 하세요.

(1) 후지산은 산 전체가 눈으로 덮여 있다. ( )

(2) 후지산은 화산 활동이 반복되면서 형성된 화산이다. ( )

(3) 일본에서 후지산의 세계 문화유산 등재를 추진하고 있다. ( )

2 다음은 유네스코 관계자가 후지산의 등재 배경을 설명한 것입니다. 빈칸에 들어갈 알맞은 말은 어느 것인가요? ( )

" 산악신앙의 대상이자 많은 예술 작품의 소재로 쓰인
일본의 상징으로서 (   ) 가치가 높다고 평가하였습니다. "

① 경제적   ② 문화적   ③ 사회적   ④ 정치적   ⑤ 환경적

세계는 높고 ❶험준한 산지, 끝이 보이지 않는 ❷광활한 평원과 그곳을 흐르는 하천, 그리고 바다와 육지가 맞닿은 곳에 형성된 해안 등 다양한 지형들로 이루어져 있습니다. 다양한 지형 중에는 세계적으로 관광이나 환경 보존의 대상지로 주목받고 있는 독특하고 특수한 지형들이 있습니다. 바로 카르스트 지형, 화산 지형, 빙하 지형입니다. 이러한 지형들은 어떻게 만들어졌을까요?

카르스트 지형은 석회암이 빗물이나 지하수에 의해 녹아 형성된 지형을 말합니다. 석회암이 물에 녹다 보면 단단한 부분만 남게 되는데, 이때 남은 부분이 탑 모양처럼 생긴 지형을 탑 카르스트라고 합니다. 석회암이 널리 분포하고 있는 베트남의 할롱 베이와 중국의 구이린에는 탑 카르스트가 아름다운 경관을 이루고 있는 것을 볼 수 있습니다. 지하로 스며든 빗물과 지하수에 의해 석회 동굴이 만들어지기도 합니다. 석회 동굴은 내부에 종유석, 석순, 석주 등의 신비로운 지형이 발달해 세계 각지에서 관광지로 개발되고 있습니다. 한편 온천수에 의해 만들어진 카르스트 지형도 있습니다. 터키의 ㉠파묵칼레는 석회 성분을 ❸함유한 온천수가 오랫동안 경사면을 따라 흐르면서 하얀 탄산 칼슘이 지표면을 뒤덮어 형성된 곳으로, 층층이 쌓인 석회층에 흐르는 에메랄드빛 온천수가 ❹장관을 이룹니다.

화산 지형은 화산 활동으로 용암과 화산 ❺쇄설물, 화산 가스 등이 지표로 분출되면서 만들어집니다. 이때 흘러나온 용암의 성질에 따라 화산의 모양이 달라지는데, ❻점성이 큰 용암이 흘러나오면 경사가 가파른 종 모양의 화산이, 점성이 작은 용암이 흘러나오면 경사가 완만한 방패 모양의 화산이 만들어집니다. 또 화산 쇄설물과 용암이 여러 층으로 겹겹이 쌓이면 원뿔 모양의 화산이 만들어지기도 합니다. 일본의 후지산은 대표적인 원뿔 모양의 화산으로, 산꼭대기가 눈으로 덮인 경관이 매우 아름답습니다. 화산이 폭발한 다음에 분화구 부분이 무너져 내리면 우묵한 ❼분지 형태의 칼데라가 만들어지는데, 여기에 물이 고이면 칼데라호라는 호수가 만들어집니다. 탄자니아의 응고롱고로는 '큰 구멍'이라는 뜻으로, 이름처럼 세계 최대 규모의 거대한 칼데라입니다. 용암이 흘러내리면서 굳는 과정에서는 다각형의 기둥 모양으로 쪼개진 주상 절리가 만들어지기도 합니다. 미국의 데빌스포스트파일은 주상 절리의 경관이 아름다워 사진 촬영 장소로 유명합니다. 대규모 화산 활동은 우리 생활에 큰 피해를 주기 때문에 두려움의 대상이 되기도 하지만, 화산 지형의 독특하고 아름다운 경관과 온천 등은 훌륭한 관광 자원으로 개발되어 많은 관광객이 찾고 있습니다.

빙하 지형은 거대한 얼음덩어리인 빙하가 자체의 무게를 이기지 못하고 낮은 곳으로 미끄러져 이동하면서 발생하는 침식과 퇴적 작용으로 만들어집니다. 빙하에 의해 산봉우리가 뾰족하게 깎여 뿔처럼 생긴 호른이라는 지형이 발달하기도 하며, 골짜기를 따라 흘러내린 빙하가 바닥과 옆면을 깎아 넓고 둥근 모양의 U자곡이 만들어지기도 합니다. 그리고 U자곡에 바닷물이 채워지면 해안선이 복잡한 피오르 해안이 발달하게 됩니다. 스위스의 마터호른과 노르웨이 북서 해안에 발달한 피오르 해안은 세계적인 관광지로 유명합니다.

카르스트 지형, 화산 지형, 빙하 지형 등 독특하고 특수한 지형들이 만들어 낸 자연 경관은 훌륭한 관광 자원이 됩니다. 이에 따라 세계 각지의 독특하고 아름다운 지형들은 세계적인 관광지로 개발되었습니다. 하지만 오랜 세월에 걸쳐 형성된 지형들이 지나친 개발로 훼손되고 있어 이를 보존하기 위한 노력의 필요성이 높아지고 있습니다.

----

❶ **험준하다**: 땅의 생긴 모양이 험하며 높고 가파르다.

❷ **광활하다**: 막힌 데가 없이 트이고 넓다.

❸ **함유하다**: 물질이 어떤 성분을 포함하고 있다.

❹ **장관**: 훌륭하고 장대한 광경.

❺ **쇄설물**: 자질구레한 부스러기로 이루어진 물건.

❻ **점성**: 차지고 끈끈한 성질.

❼ **분지**: 해발 고도가 더 높은 지형으로 둘러싸인 평지.

---

① 이 글의 제목으로 알맞은 것은 어느 것인가요? ( )

① 세계에서 가장 오래된 지형
② 우리나라에서 볼 수 있는 지형
③ 세계의 독특하고 특수한 지형들
④ 세계 자연 유산으로 등재된 지형들
⑤ 지형 보존을 위한 세계 여러 나라의 노력

② ㉠에 대한 설명으로 알맞은 것은 어느 것인가요? (정답 2개) ( )

① 탄산 칼슘이 지표면을 하얗게 뒤덮고 있다.
② 지하로 스며든 빗물과 지하수에 의해 만들어졌다.
③ 탑 모양의 봉우리들이 아름다운 경관을 이루고 있다.
④ 내부에 종유석, 석순, 석주 등의 신비로운 지형이 발달하였다.
⑤ 석회 성분을 함유한 온천수에 의해 만들어진 카르스트 지형이다.

③ 화산 지형에 대한 설명으로 옳은 것에는 ○표, 옳지 않은 것에는 ×표 하세요.

(1) 일본의 후지산은 경사가 가파른 종 모양의 화산이다. ( )
(2) 칼데라에 물이 고여서 만들어진 호수를 칼데라호라고 한다. ( )
(3) 탄자니아의 응고롱고로는 분화구가 무너져 내려서 만들어진 칼데라이다. ( )
(4) 화산에서 점성이 큰 용암이 흘러나오면 경사가 완만한 화산이 만들어진다. ( )

4 다음 사진에 나타난 화산 지형의 종류로 알맞은 것은 어느 것인가요? (   )

① 호른
② 칼데라
③ 석회 동굴
④ 주상 절리
⑤ 탑 카르스트

5 다음은 빙하 지형이 만들어지는 과정을 나타낸 그림입니다. 빈칸에 들어갈 알맞은 말을 이 글에서 찾아 쓰세요.

| 골짜기에 두꺼운 빙하 형성 | 빙하의 침식에 따른 (   ) 형성 | 바닷물이 채워지며 (   ) 발달 |

6 이 글의 뒷부분에 이어서 나올 수 있는 내용으로 알맞은 것은 어느 것인가요? (   )

① 화산 활동이 우리에게 주는 영향
② 우리나라의 독특한 카르스트 지형
③ 세계적인 관광지로 유명한 빙하 지형
④ 세계의 독특하고 특수한 지형을 보존하기 위한 노력
⑤ 세계적인 관광 자원의 발굴을 위한 각국의 지나친 경쟁

배경 +지식 넓히기

화산 지형과 주민 생활
대규모 화산 활동은 많은 인명과 재산 피해를 가져옵니다. 하지만 위험한 화산 지역 주변에서도 사람들은 화산을 이용하며 살아갑니다. 화산재가 섞인 화산 지대의 토양은 영양분이 많아 농업 활동에 유리하며, 화산 지대에 분포하는 유용한 광물 자원으로 광업이 이루어지기도 합니다. 또 화산 근처에서 솟아나는 온천을 휴양지나 관광지로 개발해 경제적 이익을 얻기도 합니다.

1 다음 밑줄 친 낱말의 뜻을 [보기]에서 찾아 기호를 쓰세요.

[보기]
ㄱ 차지고 끈끈한 성질.
ㄴ 훌륭하고 장대한 광경.
ㄷ 자질구레한 부스러기로 이루어진 물건.
ㄹ 해발 고도가 더 높은 지형으로 둘러싸인 평지.

(1) 이 물질은 점성이 높다.   (   )
(2) 이 도시는 산으로 빙 둘러싸인 분지에 있다.   (   )
(3) 바다에서 보는 새해 첫 일출은 정말 장관이었다.   (   )
(4) 화산의 분화로 화산재, 부석 등의 쇄설물이 분출되었다.   (   )

2 다음 문장의 밑줄 친 낱말과 비슷한 뜻을 가진 낱말에 ○표 하세요.

(1) 이 과자는 단백질을 많이 함유하고 있다.

| 배제하고 | 배출하고 | 포함하고 |

(2) 솔이와 별이는 가파른 길을 따라 산을 내려갔다.

| 비탈진 | 완만한 | 평평한 |

3 다음 문장에서 '이기다'가 어떤 뜻으로 사용되었는지 번호를 쓰세요.

이기다
① 내기나 시합, 싸움 따위에서 재주나 힘을 겨루어 우위를 차지하다.
② 고통이나 고난을 참고 견디어 내다.

(1) 졸음을 이기지 못하고 잠에 곯아떨어졌다.   (   )
(2) 토끼가 거북이와의 달리기 경주에서 이겼다.   (   )
(3) 우리는 이 위기를 이기기 위해 모두 힘을 모았다.   (   )
(4) 우리 반은 피구 결승전에서 옆 반을 이기고 결승에 진출했다.   (   )

가로세로 퍼즐을 완성하며, 주제3에서 공부한 용어의 뜻을
다시 한번 떠올려 봐요.

가로 열쇠

❶ 가장 추운 달의 평균 기온이 18 ℃ 이상인 기후.

❸ 대양 중에서 가장 큰 대양.

❹ 바다로 둘러싸인 큰 땅덩어리를 이르는 말.

❺ 우월한 군사력과 경제력으로 다른 나라나 민족을 정벌하여 대국가를 건설하려는 침략주의적 경향.

❽ 적도를 경계로 지구를 둘로 나누었을 때의 북쪽 부분. 반대 남반구

❾ 남극 대륙을 둘러싸고 있는 바다. 비슷 남대양

❿ 정치적·경제적으로 다른 나라의 지배를 받아 국가로서의 주권을 상실한 나라.

세로 열쇠

❷ 일 년 동안 내린 강수량이 500 mm 미만일 정도로 비가 내리지 않는 기후.

❹ 세계의 바다 가운데 특히 큰 바다를 이르는 말.

❻ 국가 간 영토의 경계를 나타내는 선.

❼ 석회암이 빗물이나 지하수에 의해 녹아 형성된 지형.

❽ 아시아, 유럽, 북아메리카에 둘러싸여 있는 북극 주변의 바다.

❿ 어떤 일정한 장소에서 모여 사는 특유한 식물의 집단. 비슷 식피

4

세계 여러 지역의 삶의 모습

이번 주에 공부할 내용에 대한
주간 학습 계획을 세워 보세요.

	공부할 내용	교과 연계	공부한 날		스스로 평가
1장	비슷하지만 다른 세 나라	사회 6-2 [1단원], 중등 사회① [4단원]	월	일	😢 😋 😊
2장	집을 보면 기후가 보여요	사회 6-2 [1단원], 중등 사회① [2단원]	월	일	😢 😋 😊
3장	사막에서 살아가는 사람들	사회 6-2 [1단원], 중등 사회① [2단원]	월	일	😢 😋 😊
4장	늘 봄과 같은, 열대 고산 기후	사회 6-2 [1단원], 중등 사회① [2단원]	월	일	😢 😋 😊
5장	종교와 의식주 문화	사회 6-2 [1단원], 중등 사회① [4단원]	월	일	😢 😋 😊
6장	다양한 삶의 모습을 이해해요	사회 6-2 [1단원], 중등 사회① [4단원]	월	일	😢 😋 😊

 **15일차**

1장 비슷하지만 다른 세 나라

정답 확인
하루한장 앱에서
학습 인증하고
하루템을 모으세요!

 **매체 독해** 다음 자료를 보고, 물음에 답해 봅시다.

 우리나라의 사자놀이와 비슷한 중국과 일본의 사자춤

우리나라의 사자놀이	중국의 사자춤	일본의 사자춤

우리나라의 사자놀이는 대보름날(음력 1월 15일)에 사자의 동작을 흉내 내며 춤추는 민속놀이입니다. 사자탈을 쓴 사람들은 집집마다 다니며 잡귀를 쫓고 복을 빌어 줍니다.	중국에서는 춘절(음력 1월 1일)에 사자춤을 추며 잡귀를 쫓고 복을 빕니다. 중국의 사자춤은 높은 대 위에서 추거나 두 다리를 각각 긴 막대기에 묶고 걸으며 춥니다.	일본에서는 새해에 잡귀를 쫓고 복을 빌기 위하여 사자춤을 춥니다. 두 사람이 머리와 꼬리 부분으로 나누어 춤을 추거나, 혼자서 허리에 맨 북을 치면서 춤을 추기도 합니다.

1 우리나라에서 사자놀이를 하는 날은 언제인지 위 자료에서 찾아 쓰세요.

(   )

2 우리나라의 사자놀이, 중국의 사자춤, 일본의 사자춤에 나타나는 공통점은 무엇인가요?

(   )

① 사자탈의 생김새가 똑같다.
② 사자춤을 추는 방식이 같다.
③ 잡귀를 쫓고 복을 비는 마음이 담겨 있다.
④ 사자놀이나 사자춤을 즐기는 날짜가 같다.
⑤ 사자의 힘을 자랑하기 위한 민속놀이이다.

우리나라와 중국, 일본은 ❶지리적으로 가까워 일찍부터 활발하게 교류해 왔습니다. 세 나라는 서로 오가면서 자연스럽게 문화를 주고받으며, 식사할 때 젓가락을 사용하고, 한자를 사용하며 유교와 불교의 영향을 받은 점 등 비슷한 문화가 나타나게 되었습니다. 그러나 세 나라의 문화는 비슷하면서도 조금씩 다른 점을 가지고 있습니다. 각 나라마다 자연환경과 역사, 사람들의 사고방식 등이 달라 그 나라만의 ❷고유한 문화가 만들어졌기 때문입니다. 그렇다면 비슷하면서도 다른 세 나라의 문화를 살펴볼까요?

우리나라와 중국, 일본 사람들은 식사할 때 모두 젓가락을 사용합니다. 젓가락은 중국에서 사용하기 시작해 우리나라와 일본으로 전해졌고, 각 나라마다 주로 먹는 음식이나 식사 예절 등이 다르기 때문에 젓가락의 모양에 조금씩 차이가 있습니다. 우리나라는 젓가락으로 집는 반찬이 무게가 있고, 김치처럼 절인 음식이 많아 국물이 ❸스며들지 않는 금속 젓가락을 사용합니다. 중국은 둥글고 큰 식탁에 둘러앉아 음식을 한가운데 놓고 덜어 먹기 때문에 긴 젓가락을 사용합니다. 또 뜨거운 볶음이나 튀김 요리를 주로 먹기 때문에 음식이 미끄러지지 않도록 젓가락 끝이 ❹뭉툭합니다. 섬나라인 일본은 쉽게 녹슬지 않는 나무로 젓가락을 만들고, 생선 요리가 많아 가시를 발라내는 데 편리하도록 끝이 뾰족한 젓가락을 사용합니다.

우리나라와 중국, 일본은 모두 한자의 영향을 받았습니다. 중국의 문자인 한자는 아주 오래전에 우리나라와 일본에 전해졌습니다. 우리나라는 한글이 만들어진 이후에도 꽤 오랜 시간 한자를 사용하였습니다. 우리말에 한자어가 많은 것도 한자가 오랫동안 우리나라의 문화에 영향을 미쳤기 때문입니다. 그리고 일본에서는 한자의 일부를 ❺변형하거나 간단하게 만든 문자인 '가나'를 사용하고 있습니다. 이처럼 세 나라 모두 한자를 사용한다는 공통점이 있지만, 우리나라와 일본에서는 한자뿐만 아니라 고유의 문자를 사용하고 있다는 점에서 차이가 있습니다.

우리나라와 중국, 일본 사람들은 웃어른을 만나면 어떻게 인사할까요? 세 나라 사람들 모두 허리를 굽혀 ❻공손하게 인사합니다. 이러한 인사 예절이 공통적으로 나타나는 까닭은 세 나라가 모두 웃어른을 공경하는 유교 문화의 영향을 받았기 때문입니다. 또한, 우리나라와 중국, 일본에는 절과 탑 등 불교문화의 영향을 받은 유물과 유적이 많다는 점도 비슷합니다. 그러나 유교와 불교 또한 각 나라 사람들의 생활 모습과 시대적 상황에 따라 각각 다른 모습으로 발전하였습니다.

----

❶ **지리적**: 어떤 곳의 지형이나 길 따위의 형편에 관한 것.
❷ **고유하다**: 본래부터 가지고 있어 특유하다.
❸ **스며들다**: 속으로 배어들다.
❹ **뭉툭하다**: 굵은 사물의 끝이 아주 짧고 무디다.
❺ **변형하다**: 모양이나 형태가 달라지거나 달라지게 하다.
❻ **공손하다**: 말이나 행동이 겸손하고 예의 바르다.

1 이 글의 제목으로 알맞은 것은 어느 것인가요? ( )

① 이웃 나라의 다양한 문화
② 우리나라를 대표하는 문화
③ 비슷하면서도 다른 세 나라의 문화
④ 우리나라와 이웃 나라의 교류 모습
⑤ 다양한 문화를 대하는 바람직한 태도

2 이 글에서 답을 알 수 <u>없는</u> 질문은 어느 것인가요? ( )

① 일본에서 사용하는 문자는 무엇인가요?
② 우리말에 한자어가 많은 까닭은 무엇인가요?
③ 한자는 정확히 언제 중국에서 우리나라와 일본으로 전해졌나요?
④ 우리나라, 중국, 일본에 절과 탑 등의 유물과 유적이 많은 까닭은 무엇인가요?
⑤ 우리나라, 중국, 일본이 일찍부터 활발하게 교류할 수 있었던 까닭은 무엇인가요?

3 우리나라, 중국, 일본의 문화 중 비슷한 점을 보기 에서 모두 고른 것은 어느 것인가요?

( )

> 보기
> ㉠ 식사할 때 젓가락을 사용한다.
> ㉡ 한자의 영향을 받은 가나 문자를 사용한다.
> ㉢ 웃어른을 만나면 허리를 굽혀 공손하게 인사한다.
> ㉣ 둥글고 큰 식탁에 둘러앉아 음식을 한가운데 놓고 덜어 먹는다.

① ㉠, ㉡
② ㉠, ㉢
③ ㉡, ㉢
④ ㉡, ㉣
⑤ ㉢, ㉣

4 다음과 같은 특징을 지닌 젓가락은 각각 어느 나라의 것인지 쓰세요.

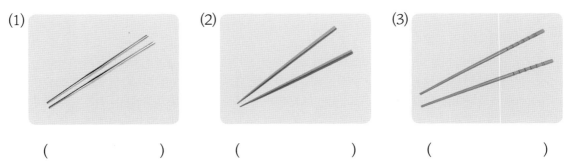

(1) ( )   (2) ( )   (3) ( )

5 다음 빈칸에 들어갈 알맞은 말을 이 글에서 찾아 쓰세요.

> 우리나라, 중국, 일본은 모두 웃어른을 공경하는 (　　　　　　) 문화의 영향을 받았다.

6 이 글에서 알 수 있는 내용으로 알맞지 <u>않은</u> 것은 어느 것인가요?　　　　　(　　　　)

① 우리나라와 일본은 고유의 문자를 사용한다.
② 우리나라, 중국, 일본의 자연환경은 비슷한 편이다.
③ 우리나라, 중국, 일본은 모두 불교의 영향을 받았다.
④ 섬나라에 사는 일본 사람들은 생선 요리를 많이 먹는다.
⑤ 젓가락 사용 문화는 중국에서 우리나라와 일본으로 전해졌다.

7 우리나라, 중국, 일본의 문화에 대해 바르게 말한 사람의 이름을 모두 쓰세요.

> • 지민: 세 나라에는 각각 서로 다른 고유한 문화가 있어.
> • 하연: 세 나라의 문화 중 우리나라의 문화가 가장 우수한 것 같아.
> • 마루: 세 나라는 지리적으로 가까워 서로 교류하며 문화를 주고받게 되었어.
> • 유건: 세 나라의 문화에서 비슷한 점은 찾을 수 있지만 다른 점은 찾을 수 없어.

(　　　　　　　　　　　)

이웃 나라의 전통 의상

우리나라의 전통 의상은 한복입니다. 그렇다면 우리나라와 이웃한 중국과 일본에서는 어떤 전통 의상을 입을까요? 중국의 전통 의상은 치파오와 창파오입니다. 치파오는 여자들이 입는 원피스 형태의 옷이고, 창파오는 남자들이 입는 긴 두루마기 형태의 옷입니다. 일본에서는 화려한 문양과 색깔이 돋보이는 넓고 긴 소매의 기모노를 입습니다. 길이가 발목까지 오고 앞길을 여며 폭이 넓은 허리띠를 두르는 것이 특징입니다.

1 다음 밑줄 친 낱말의 뜻으로 알맞은 것을 선으로 이어 보세요.

(1) 김치는 우리의 고유한 음식이다. •

(2) 민혁이는 웃어른께 늘 공손하게 인사한다. •

(3) 필통에는 뭉툭한 연필 한 자루가 달랑 있었다. •

• ㉠ 본래부터 가지고 있어 특유하다.

• ㉡ 굵은 사물의 끝이 아주 짧고 무디다.

• ㉢ 말이나 행동이 겸손하고 예의 바르다.

2 다음 문장에 들어갈 알맞은 낱말을 골라 ○표 하세요.

(1) { 이 절은 신라 시대의 (유물 / 유적)이다.
이 (유물 / 유적)들은 박물관에 보관되어 있던 것이다.

(2) { 율이는 (예의 / 예절) 바르게 인사를 잘합니다.
나는 동생에게 전화 (예의 / 예절)을/를 잘 지켜야 한다고 알려 주었다.

(3) { 그는 능숙하게 (변신 / 변형)하기로 유명한 배우이다.
일본의 가나는 한자의 일부를 (변신 / 변형)하여 만든 문자이다.

3 다음 문장에서 '띠다'가 어떤 뜻으로 사용되었는지 번호를 쓰세요.

띠다 ── ① 감정이나 기운 따위를 나타내다.
② 어떤 성질을 가지다.

(1) 경기가 회복되어 수출이 활기를 띠고 있다. ( )
(2) 선빈이는 어린아이를 보며 시종일관으로 미소를 띠었다. ( )
(3) 종교는 시대와 지역에 따라서 서로 다른 모습을 띠게 된다. ( )
(4) 현서는 멜로드라마보다는 시사성을 띤 영화를 더 좋아한다. ( )

매체 독해   다음 신문 기사를 읽고, 물음에 답해 봅시다.

미래일보   20○○년 ○○월 ○○일

기후 변화, 가옥의 형태를 바꾸다

지구 온난화의 영향으로 지구의 평균 기온이 높아지면서 해수면이 꾸준히 상승하고 있다. 그 결과 해안의 해발 고도가 낮은 곳은 바닷물에 잠기는 문제가 발생하고 있다.

네덜란드는 해수면 상승의 위협을 크게 느끼고 있는 나라 중 하나이다. 네덜란드는 이름부터 '낮은(Neder) 땅(Land)'이라는 의미로, 국토의 대부분이 해수면보다 낮은 저지대여서 예로부터 바닷물이 흘러넘치는 문제가 심각했다. 하지만 20세기 이후 해수면 상승의 속도가 점점 빨라지자 네덜란드에서는 물에 뜨는 집을 건축하는 등 가옥의 형태를 바꾸고 있다.

네덜란드의 수도 암스테르담 동쪽에 위치한 에이뷔르흐 마을은 네덜란드의 첫 번째 [㉠   ] 도시이다. 이 마을은 물에 뜨는 거대한 콘크리트 구조물 위에 지어져 있어 물이 차오르면 마을 전체가 수면 위로 최대 2 m 높이까지 뜰 수 있다.

네덜란드에서는 이와 같이 물 위에 뜨는 마을에 이어 물 위에 떠 있는 대규모 아파트 단지의 건설을 추진하는 등 해수면 상승에 적극적으로 대응해 나갈 계획이다.

▲ 에이뷔르흐 마을

---

1 신문 기사를 읽고 알 수 있는 내용으로 알맞은 것에는 ○표, 알맞지 <u>않은</u> 것에는 ×표 하세요.

(1) 지구 온난화로 지구의 평균 기온이 낮아지고 있다.   (   )

(2) 네덜란드의 이름에는 '낮은 땅'이라는 의미가 담겨 있다.   (   )

(3) 네덜란드에서는 국토가 바닷물에 잠기는 문제가 발생하고 있다.   (   )

(4) 에이뷔르흐 마을은 높이가 높은 거대한 콘크리트 구조물 위에 지어졌다. (   )

2 ㉠에 들어갈 말로 가장 알맞은 것은 어느 것인가요?   (   )

① 거대   ② 녹색   ③ 수상

④ 생태   ⑤ 해저

집을 보면 기후가 보인다는 말이 있습니다. 각 ❶기후대별로 나타나는 고유한 기후 특성이 사람들이 살아가는 가옥의 구조와 형태에 그만큼 영향을 미친다는 뜻입니다. 특히 예로부터 전해 내려오는 전통 가옥을 보면 기후에 적응하는 양식으로 발달한 모습을 뚜렷하게 확인할 수 있습니다. 그렇다면 기후에 따라 가옥의 구조와 형태는 어떻게 다를까요? (가)

덥고 습한 열대 기후 지역에서는 벽을 얇게 하고 창문을 크게 하여 ❷통풍이 잘되도록 집을 짓습니다. 또 빗물이 잘 흘러내리도록 지붕을 가파르게 만드는 것도 특징입니다. 가옥의 형태로는 지면의 열기와 습기를 피하고 해충이나 짐승 등의 침입을 방지하기 위하여 지면으로부터 떨어져 짓는 집인 고상 가옥이나 물 위에 짓는 집인 수상 가옥을 주로 짓습니다. 가옥의 재료로는 주변에서 쉽게 구할 수 있는 나무, 풀, 진흙 등을 이용합니다. (나)

온대 기후 지역에서는 지역에 따라 기후 특성에 차이가 있어 가옥의 형태가 다르게 나타납니다. 기온의 연교차가 큰 우리나라에서는 전통 가옥에 여름을 시원하게 보내려고 대청을 만들었고 겨울을 따뜻하게 보내려고 난방 시설인 온돌을 설치하였습니다. 한편 여름철에 덥고 건조한 지중해 ❸연안에서는 여름철의 강렬한 햇빛을 ❹반사시키기 위하여 가옥의 벽면을 하얗게 칠하거나, 벽을 두껍게 하여 외부의 열을 차단하기도 합니다. (다)

강수량보다 증발량이 많은 건조 기후 지역에서는 사막이나 초원이 발달합니다. 사막 지역에서는 주변에서 구하기 쉬운 흙으로 흙벽돌을 만들어 집을 짓습니다. 또한 기온의 일교차가 크기 때문에 한낮에는 더위를 피하고 밤에는 추위를 막기 위하여 벽은 두껍고 창문은 작게 만들며, 비가 거의 오지 않으므로 지붕을 평평하게 만듭니다. 초원 지역에 사는 사람들은 가축이 먹을 물과 풀을 찾아 이동하는 ❺유목 생활을 합니다. 그래서 쉽고 빠르게 조립하고 분해할 수 있는 게르, 유르트 등의 이동식 가옥을 짓고 삽니다. 이동식 가옥의 재료는 나무와 가축의 털이나 가죽으로 만든 천막을 이용하여 만듭니다. (라)

냉·한대 기후 지역의 가옥은 찬바람을 막기 위하여 벽은 두껍고 창문은 작게 만드는 것이 공통적인 특징입니다. 특히 냉대 기후 지역에서는 풍부한 침엽수를 이용한 통나무로 집을 짓고 많은 눈의 피해를 줄이기 위하여 지붕의 경사를 가파르게 합니다. 한대 기후 지역에서는 가옥을 지을 때 땅에 기둥을 깊게 박고 바닥을 지면으로부터 띄운 고상 가옥을 짓기도 합니다. 이는 가옥에서 발생하는 난방 열기로 얼어 있던 지면이 녹으면서 가옥이 붕괴되는 것을 막기 위한 것입니다. (마)

---

❶ **기후대**: 공통적인 기후 특성에 따라 구분한 지대. 일반적으로 크게 열대, 온대, 한대로 나누며 대체로 위도에 평행하게 나타남.

❷ **통풍**: 바람이 통함. 또는 그렇게 함.

❸ **연안**: 강이나 호수, 바다를 따라 잇닿아 있는 육지.

❹ **반사**: 일정한 방향으로 나아가던 파동이 다른 물체의 표면에 부딪쳐서 나아가던 방향을 반대로 바꾸는 현상.

❺ **유목**: 일정한 거처를 정하지 아니하고 물과 풀밭을 찾아 옮겨 다니면서 목축을 하여 삶.

1 다음 빈칸에 알맞은 낱말을 넣어 이 글의 제목을 완성하세요.

기후에 따른 (　　　　　　　　　)의 구조와 형태

2 이 글의 주요 설명 방법으로 알맞은 것은 어느 것인가요?　　　　　　　(　　　　)

① 구체적인 수치를 제시하여 설명하고 있다.
② 대상의 변화 과정을 시간 순으로 설명하고 있다.
③ 어떤 주제에 대한 주장과 근거를 제시하고 있다.
④ 대상을 일정한 기준에 따라 나누어 설명하고 있다.
⑤ 어떤 문제와 그에 대한 해결 방법을 제시하고 있다.

3 열대 기후 지역에서 다음과 같은 가옥을 짓는 까닭은 무엇인가요? (정답 2개)　(　　　　)

▲ 고상 가옥

▲ 수상 가옥

① 외부에서 들어오는 바람을 막기 위해서
② 낮과 밤의 온도 차이에 적응하기 위해서
③ 해충이나 짐승 등의 침입을 방지하기 위해서
④ 지면으로부터 올라오는 열기와 습기를 피하기 위해서
⑤ 난방 열기로 지면이 녹아 가옥이 붕괴되는 것을 막기 위해서

4 다음 밑줄 친 부분에 들어갈 내용으로 알맞은 것은 어느 것인가요?　　　　(　　　　)

우리나라의 전통 가옥은 _____ 기후를 반영하여 대청과 온돌을 설치하였다.

① 덥고 습한　　　　　　　　　　　② 덥고 건조한
③ 기온의 연교차가 큰　　　　　　　④ 기온의 일교차가 큰
⑤ 강수량이 증발량보다 많은

5 다음 사진의 가옥에 대한 설명으로 알맞지 <u>않은</u> 것은 어느 것인가요? (   )

▲ 게르

① 쉽고 빠르게 조립하고 분해할 수 있다.

② 덥고 건조한 지중해 연안에서 볼 수 있다.

③ 건조 기후 지역 중 초원이 발달한 곳에서 볼 수 있다.

④ 가축과 함께 자주 이동해야 하는 유목 생활에 유리하다.

⑤ 나무와 가축의 털이나 가죽으로 만든 천막을 이용해 만든다.

6 다음 내용이 들어가기에 알맞은 부분은 (가)~(마) 중 어디인가요? (   )

> 이러한 형태의 가옥은 눈이 쌓여 집의 입구가 막히는 불편함을 줄이는 데에도 도움이 됩니다.

① (가)   ② (나)   ③ (다)   ④ (라)   ⑤ (마)

7 이 글에서 알 수 있는 내용으로 알맞은 것은 어느 것인가요? (   )

① 비나 눈이 많이 내리는 지역에서는 지붕을 평평하게 만든다.

② 열대 기후 지역과 냉대 기후 지역에서는 고상 가옥을 볼 수 있다.

③ 사람이 거주하기 힘든 한대 기후 지역에서는 가옥을 찾아볼 수 없다.

④ 가옥의 벽을 두껍게 만들면 외부의 열기나 찬바람을 차단할 수 있다.

⑤ 사막과 같이 비가 거의 오지 않는 곳에서는 지붕의 경사를 가파르게 만든다.

배경
+지식
넓히기

이웃 나라 일본의 가옥 특징

일본은 지진으로 인한 피해가 잦아 나무로 된 집이 많습니다. 또 비와 눈이 많이 오기 때문에 여름철에는 습기를 빨아들이고 겨울철에는 냉기를 막기 위하여 마룻바닥 위에 다다미라는 짚으로 만든 사각형 돗자리를 깝니다.

1 다음의 뜻을 가진 낱말을 보기 에서 찾아 쓰세요.

> 보기   반사   연안   유목   통풍

(1) 바람이 통함. 또는 그렇게 함.   (   )

(2) 강이나 호수, 바다를 따라 잇닿아 있는 육지.   (   )

(3) 일정한 거처를 정하지 아니하고 물과 풀밭을 찾아 옮겨 다니면서 목축을 하여 삶.

(   )

(4) 일정한 방향으로 나아가던 파동이 다른 물체의 표면에 부딪쳐서 나아가던 방향을 반대
로 바꾸는 현상.   (   )

2 다음 빈칸에 들어갈 말의 뜻을 보고, 알맞은 낱말을 보기 에서 찾아 쓰세요.

> 보기   분해하다   조립하다   차단하다

(1) 커튼을 쳐서 햇볕을 _____.
   └ 액체나 기체 따위의 흐름 또는 통로를 막거나 끊어서 통하지 못하게 하다.

(2) 설명서를 보면서 장난감 로봇을 _____.
   └ 여러 부품을 하나의 구조물로 짜 맞추다.

(3) 부속품을 갈아 끼우기 위하여 시계를 _____.
   └ 여러 부분이 결합되어 이루어진 것을 그 낱낱으로 나누다.

3 다음 문장의 밑줄 친 낱말과 비슷한 뜻을 가진 낱말에 ○표 하세요.

(1) 어제 내린 폭우로 학교의 담장이 <u>붕괴되다</u>.

> 무너지다   부식되다   폐쇄되다

(2) 대부분의 관광 유람선들이 충분한 구명복을 <u>갖추지</u> 않은 것으로 밝혀졌다.

> 간추리지   정비하지   준비하지

사막에서 살아가는 사람들

 **매체 독해** 다음 자료를 보고, 물음에 답해 봅시다.

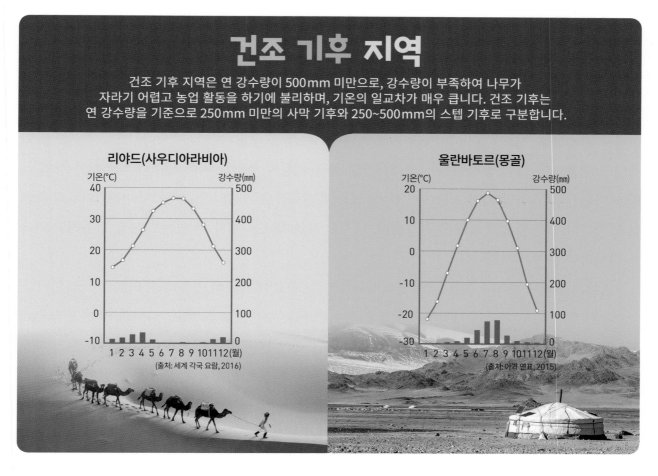

건조 기후 지역

건조 기후 지역은 연 강수량이 500mm 미만으로, 강수량이 부족하여 나무가
자라기 어렵고 농업 활동을 하기에 불리하며, 기온의 일교차가 매우 큽니다. 건조 기후는
연 강수량을 기준으로 250mm 미만의 사막 기후와 250~500mm의 스텝 기후로 구분합니다.

리야드(사우디아라비아)
기온(℃) 강수량(mm)
(출처: 세계 각국 요람, 2016)

울란바토르(몽골)
기온(℃) 강수량(mm)
(출처: 이과 연표, 2015)

1 위 자료를 보고 알 수 있는 내용으로 알맞지 <u>않은</u> 것은 어느 것인가요? ( )

① 건조 기후 지역은 기온의 일교차가 매우 크다.
② 건조 기후 지역에서는 농사를 전혀 지을 수 없다.
③ 건조 기후 지역 중에서는 기온이 영하로 떨어지는 곳도 있다.
④ 건조 기후 지역은 일 년 동안 내린 총 강수량이 500 mm 미만이다.
⑤ 건조 기후는 연 강수량을 기준으로 사막 기후와 스텝 기후로 구분된다.

2 리야드와 울란바토르의 강수량 그래프를 보고, 빈칸에 들어갈 알맞은 말을 쓰세요.

리야드는 ( ) 기후, 울란바토르는 ( ) 기후에 해당한다.

　'사막'을 떠올려 보면 모래로 뒤덮인 땅이 끝없이 이어진 모습이 먼저 그려질 것입니다. 강렬한 햇빛이나 타는 듯한 갈증을 떠올릴지도 모릅니다. 그런데 사막 기후를 구분하는 기준은 모래나 더위가 아닌 강수량입니다. 연 강수량이 500 mm 미만을 건조 기후로 보는데, 그중에서도 250 mm 미만은 사막 기후라고 합니다. 사막 기후 지역은 비가 거의 오지 않아서 나무와 풀이 자라기 힘들며, 기온의 일교차도 매우 크게 나타납니다. 이러한 사막의 기후 환경은 사람이 거주하기에 ❶열악해 보이지만 이곳에서도 사람들은 기후에 적응하며 살아가고 있습니다.

　사막 기후 지역에 사는 사람들은 온몸을 감싸는 헐렁한 옷을 입고 머리에 천을 둘러 감습니다. 이러한 옷차림은 낮에는 강한 햇볕과 수시로 불어오는 모래바람으로부터 피부를 보호해 주고, 밤에는 추위로부터 몸을 보호해 줍니다. 사막 기후 지역에서는 물을 구할 수 있는 ❷오아시스를 중심으로 마을이 발달합니다. 그리고 사람들은 오아시스의 물을 이용해 농사를 지어 밀이나 대추야자 등의 식량을 마련합니다. 사막 기후 지역에서 볼 수 있는 흙벽돌집은 기온의 일교차가 큰 사막 기후의 특성을 반영하여 벽은 두껍고 창문은 작습니다. 그리고 강한 햇볕을 피할 수 있는 그늘을 만들려고 가옥을 다닥다닥 붙여서 짓습니다.

　사막에서 유목민들이나 ❸대상에게 없어서는 안되는 중요한 가축이 있습니다. 바로 ㉠낙타입니다. 예로부터 건조 기후 지역의 사람들은 낙타를 중요한 이동 수단으로 삼았고, '사막의 배'라고 부르며 귀하게 여겼습니다. 이것은 낙타가 사막 기후를 견딜 수 있는 특이한 신체 구조를 지니고 있기 때문입니다. 또한 사람들은 낙타의 고기를 먹기도 하고 털과 가죽으로 천막이나 신발, 가방 등을 만들기도 하는 등 여러모로 낙타를 유용하게 이용하며 생활합니다.

　물을 구하기 어려운 사막에서는 전통적으로 오아시스 농업이 이루어집니다. 그러나 일부 지역에서 물을 인공적으로 끌어와 작물을 재배하는 ❹관개 농업이 발달하면서 유목민 중에서 ❺정착 생활을 하는 사람들이 점차 늘어나게 되었습니다. 이때 물의 증발을 막기 위하여 관개 ❻수로를 땅속에 설치해 물을 얻기도 하는데, 이란에서 만든 이러한 독특한 방식의 지하 관개 수로를 '카나트'라고 합니다. 카나트라는 명칭은 이란에서만 사용되며, 북부 아프리카에서는 '포가라', 아프가니스탄에서는 '카레즈'라고 부릅니다. 한편, 석유 자원이 풍부한 서남아시아 지역에서는 석유 자원의 개발로 얻은 이익을 도시 건설과 지역 개발에 투자하여 눈부신 발전을 이루었습니다.

----

❶ **열악하다**: 품질이나 능력, 시설 따위가 매우 떨어지고 나쁘다.
❷ **오아시스**: 사막 가운데에 샘이 솟고 풀과 나무가 자라는 곳.
❸ **대상**: 사막이나 초원과 같이 교통이 발달하지 않은 곳에서, 낙타나 말에 짐을 싣고 떼를 지어 먼 곳으로 다니면서 장사하는 상인.
❹ **관개**: 농사를 짓는 데에 필요한 물을 논밭에 댐.
❺ **정착**: 일정한 곳에 자리를 잡아 붙박이로 있거나 머물러 삶.
❻ **수로**: 물이 흐르거나 물을 보내는 통로.

1 다음 빈칸에 알맞은 낱말을 넣어 이 글의 제목을 완성하세요.

> (　　　　　　　　) 기후에 적응하며 살아가는 사람들

2 이 글에서 답을 알 수 <u>없는</u> 질문은 어느 것인가요?　　　　　　　　　(　　　)

① 사막 기후를 구분하는 기준은 무엇인가요?
② 사막 기후 지역에서는 어떻게 농사를 짓나요?
③ 사막 기후가 주로 분포하는 지역은 어디인가요?
④ 사막 기후 지역의 사람들은 주로 어떤 옷을 입나요?
⑤ 사막 기후 지역에 사는 사람들에게 식량이 되는 것은 무엇인가요?

3 사막 기후의 특징을 보기 에서 모두 고른 것은 어느 것인가요?　　　　(　　　)

> 보기
> ㉠ 기온의 일교차가 매우 크다.
> ㉡ 연 강수량이 250~500 mm이다.
> ㉢ 연 강수량이 250 mm 미만이다.
> ㉣ 강수량은 부족하지만 나무와 풀은 잘 자란다.

① ㉠, ㉡　　　　　　② ㉠, ㉢　　　　　　③ ㉡, ㉢
④ ㉡, ㉣　　　　　　⑤ ㉢, ㉣

4 사막 기후 지역에 사는 사람들의 생활 모습을 바르게 말한 사람의 이름을 모두 쓰세요.

> • 서윤: 집을 지을 때 통풍이 잘되도록 창문을 만들어.
> • 아린: 쌀로 지은 밥과 가축에게서 얻은 고기, 유제품 등을 주로 먹어.
> • 진현: 집을 다닥다닥 붙여 지어서 강한 햇볕을 피할 수 있는 그늘을 만들어.
> • 세빈: 낮의 강한 햇볕과 모래바람을 막으려고 온몸을 감싸는 헐렁한 옷을 주로 입어.

(　　　　　　　　　　　　)

5 ㉠에 대한 설명으로 알맞지 <u>않은</u> 것은 어느 것인가요?　　　　　　　　（　　　　）

① 유목민들이나 대상의 중요한 이동 수단이다.
② 사막에서 농사를 지을 때 이용되는 동물이다.
③ 사막 기후 지역의 사람들에게 고기를 제공한다.
④ 예로부터 '사막의 배'라고 불리며 귀하게 여겨졌다.
⑤ 사막 기후를 견딜 수 있는 특이한 신체 구조를 지니고 있다.

6 다음 빈칸에 들어갈 알맞은 말을 이 글에서 찾아 쓰세요.

> 사막 기후 지역에서는 (　　　　　　　　)을/를 중심으로 마을이 발달하며, 사람들은 그곳 주변에서 밀이나 대추야자 등을 재배한다.

7 이 글을 읽고, 다음 내용을 <u>잘못</u> 이해한 것은 어느 것인가요?　　　　（　　　　）

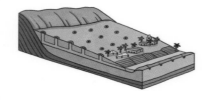 높은 산지를 끼고 있는 지역에서는 산기슭 부근에서 지하수까지 수직으로 땅을 판 뒤, 수평으로 지하 수로를 연결하여 필요한 지점까지 물을 보내 지표로 끌어올리는 방법으로 물을 얻는다.

① 이란에서 만든 독특한 방식의 지하 관개 수로이다.
② 이 물을 이용해 작물을 재배하는 농업을 관개 농업이라고 한다.
③ 물을 구하기 어려운 곳에서 물을 인공적으로 끌어오는 방법이다.
④ 북부 아프리카에서는 포가라, 아프가니스탄에서는 카레즈라고 부른다.
⑤ 서남아시아 지역에서는 이러한 수로 개발로 얻은 이익으로 눈부신 발전을 이루었다.

사막의 태양광 발전 프로젝트, 데저텍
데저텍(desertec)은 사막(desert)과 테크놀로지(technology)를 합친 말로, 북부 아프리카의 사하라 사막과 중동에 태양광 발전소를 건설하여 생산된 전기를 유럽으로 보내는 사업입니다. 이 프로젝트에는 유럽의 여러 기업이 참여하고 있으며, 이들은 데저텍을 통해 2050년까지 유럽 전체 전력 사용량의 15 %를 충당할 계획입니다.

1 다음 밑줄 친 낱말의 뜻을 보기 에서 찾아 기호를 쓰세요.

> 보기
> ㉠ 물이 흐르거나 물을 보내는 통로.
> ㉡ 농사를 짓는 데에 필요한 물을 논밭에 댐.
> ㉢ 일정한 곳에 자리를 잡아 붙박이로 있거나 머물러 삶.

(1) 가뭄에 대비하여 관개 시설을 정비했다.   (   )

(2) 이번 홍수로 마을의 수로가 많이 파괴되었다.   (   )

(3) 유목민들은 정착보다 이곳저곳으로 이주하는 생활에 익숙하다.   (   )

2 다음 낱말에서 빨간색으로 표시된 말의 뜻으로 알맞은 것을 선으로 이어 보세요.

(1) 하얀 눈이 마당을 뒤덮었다. •

(2) 1분단과 2분단의 자리를 뒤바꿨다. •

           • ㉠ 반대로, 뒤집어

(3) 거리가 구경을 나온 사람들로 뒤끓었다. •

           • ㉡ 몹시, 마구, 온통

(4) 화가 난다고 밥상을 뒤엎는 것은 예의가 아니다. •

3 다음 문장에서 밑줄 친 낱말의 기본형을 쓰고, 이와 비슷한 뜻을 가진 낱말을 보기 에서 찾아 쓰세요.

> 보기   살다   나쁘다   버티다

(1) 이모는 캐나다에 거주하고 있다.   ☐ = ☐

(2) 침엽수는 추위에 잘 견디는 식물이다.   ☐ = ☐

(3) 그는 열악한 환경 속에서도 꿈을 잃지 않았다.   ☐ = ☐

늘 봄과 같은, 열대 고산 기후

정답 확인 | 하루한장 앱에서 학습 인증하고 하루템을 모으세요!

매체 독해 다음 인터넷 검색 결과를 보고, 물음에 답해 봅시다.

🔍 **고산 기후**

연관 검색어   상춘 기후   해발 고도   고산 도시   열대 고산 기후

〉의미

고산 기후는 해발 고도가 높은 곳에서 나타나는 기후를 말합니다. 해발 고도가 높은 산지는 고도가 높아질수록 기온이 낮아지기 때문에 저지대에서 나타나는 기후와 구별되는 기후가 나타나는데, 이와 같은 특수한 기후를 고산 기후라고 합니다. 고산 기후는 열대 고산 기후와 온대 고산 기후로 구분됩니다.

〉분포

열대 고산 기후 지역은 남아메리카의 안데스 산지, 아프리카 동부의 에티오피아고원 등지가 대표적이며, 온대 고산 기후 지역은 로키 산지와 히말라야 산지, 알프스 산지가 대표적입니다.

〉관련 이미지

▲ 고산 기후 분포도

▲ 페루의 마추픽추

▲ 볼리비아의 라파스

---

1 위 인터넷 검색 결과의 내용으로 알맞지 <u>않은</u> 것은 어느 것인가요? (   )

① 페루의 마추픽추에서는 고산 기후가 나타난다.
② 고산 기후는 저지대의 기후와 구별되는 특수한 기후이다.
③ 고산 기후는 열대 고산 기후와 온대 고산 기후로 구분된다.
④ 아프리카 동부의 에티오피아고원은 온대 고산 기후 기역이다.
⑤ 해발 고도가 높은 곳에서 나타나는 기후를 고산 기후라고 한다.

2 다음 빈칸에 들어갈 알맞은 말을 위 인터넷 검색 결과에서 찾아 쓰세요.

> 페루의 푸에르토말도나도와 볼리비아의 라파스는 비슷한 위도에 위치하지만, 푸에르토말도나도는 열대 기후가 나타나고 라파스는 고산 기후가 나타난다. 이처럼 두 지역의 기후가 다른 이유는 (   )의 차이 때문이다.

　아스테카 ❶문명과 잉카 문명은 공통점을 가지고 있습니다. 모두 고산 지역을 중심으로 발달한 고대 문명이라는 점입니다. 14세기 이후 멕시코고원 일대에서 아스테카 문명이 발전하였고, 이후 남아메리카의 안데스 산지에서 잉카 문명이 발전하였습니다. 그렇다면 ㉠고산 지역에서는 어떻게 이러한 고대 문명을 꽃피울 수 있었던 걸까요?

　적도 부근의 저위도 지역은 열대 기후가 나타나 연중 기온이 높습니다. 그러나 ❷해발 고도가 높아질수록 기온이 낮아지는 현상 때문에, 열대 기후가 나타나는 저위도의 고산 지역에서는 일 년 내내 온화한 기후가 나타납니다. 이를 '열대 고산 기후'라고 하며, 일 년 내내 우리나라의 봄과 같은 날씨가 나타나 '상춘 기후'라고 부르기도 합니다. 열대 고산 기후 지역은 덥고 습한 저지대보다 인간이 생활하기에 쾌적하여 일찍부터 인류의 거주지로 중요한 역할을 해 왔습니다. 고산 지역을 중심으로 아스테카 문명과 잉카 문명이 발달한 것도 연중 온화한 기후 덕분이었습니다.

　열대 고산 기후 지역은 무더운 저지대보다 유리한 환경 조건 때문에 고산 도시가 발달하기도 합니다. 고산 도시는 저위도 지역에서 해발 고도 2,000 m 이상의 높은 산지에 발달한 도시로, 대표적인 고산 도시로는 멕시코의 수도 멕시코시티, 콜롬비아의 수도 보고타, 에콰도르의 수도 키토, 볼리비아의 수도 라파스가 있습니다. 잉카 문명을 대표하는 페루의 마추픽추 유적지도 고산 지역 중 하나입니다. 오늘날 이러한 고산 도시들은 신선한 공기와 선선한 기후를 바탕으로 휴양지로 ❸각광을 받고 있습니다. 또한 역사 문화 유적이 풍부한 고대 문명의 ❹발상지에는 이를 감상하기 위한 관광객들이 전 세계에서 모여들고 있습니다.

　열대 고산 기후 지역에 사는 사람들의 생활 모습에는 어떤 특징이 있을까요? 열대 고산 기후 지역은 기온의 연교차는 작지만, 일교차는 큰 편입니다. 그래서 ㉡이곳에 사는 사람들은 낮에는 뜨거운 햇볕을 막고 밤에는 추위를 견디기 위하여 망토와 같은 긴 옷을 걸치고 챙이 넓은 모자를 씁니다. 비탈진 산지에서는 서늘한 기후를 이용해 감자, 옥수수, 밀, 보리 등을 재배합니다. 특히 감자와 옥수수는 재배가 쉽고 생산성이 높아 오래전부터 원주민들의 주식으로 이용되었습니다. 그리고 이보다 해발 고도가 더 높은 지역에서는 라마, 알파카 등을 ❺방목합니다. 라마와 알파카는 짐을 실을 수 있는 운송 수단이 될 뿐만 아니라 고기와 젖은 식량으로, 털은 옷을 만드는 재료로 쓸 수 있어 쓸모가 많습니다.

---

❶ **문명**: 인류가 이룩한 물질적, 기술적, 사회 구조적인 발전.
❷ **해발 고도**: 평균 해수면을 기준으로 하여 잰 어떤 지점의 높이.
❸ **각광**: 사회적 관심이나 흥미.
❹ **발상지**: 역사적으로 큰 가치가 있는 어떤 일이나 사물이 처음 나타난 곳.
❺ **방목하다**: 가축을 놓아기르다.

1 이 글의 중심 내용으로 알맞은 것은 어느 것인가요? ( )

① 고대 문명의 발달과 쇠퇴
② 해발 고도와 기온과의 관계
③ 아스테카 문명과 잉카 문명의 발전
④ 열대 고산 기후의 특징과 사람들의 생활
⑤ 열대 고산 기후와 온대 고산 기후의 비교

2 이 글의 내용으로 알맞지 <u>않은</u> 것은 어느 것인가요? ( )

① 아스테카 문명과 잉카 문명은 고산 지역에서 발달하였다.
② 해발 고도가 높아질수록 기온이 낮아지는 현상이 일어난다.
③ 열대 고산 기후 지역은 기온의 일교차는 작지만, 연교차가 큰 편이다.
④ 열대 고산 기후 지역은 일찍부터 인류의 거주지로 중요한 역할을 해 왔다.
⑤ 고산 도시는 저위도 지역의 해발 고도 2,000 m 이상의 높은 산지에서 발달한다.

3 ㉠에 대한 답으로 알맞은 것은 어느 것인가요? ( )

① 자연재해의 피해가 적기 때문이다.
② 일 년 내내 많은 비가 내리기 때문이다.
③ 연중 온화한 기후가 나타나기 때문이다.
④ 평탄한 땅이 넓게 펼쳐져 있기 때문이다.
⑤ 인구가 적어 사람들이 생활하기에 쾌적하기 때문이다.

4 다음 빈칸에 들어갈 알맞은 말을 이 글에서 찾아 쓰세요.

> 열대 고산 기후는 일 년 내내 우리나라의 봄과 같은 날씨가 나타나 ( )
> (이)라고 부르기도 한다.

5 이 글에서 대표적인 고산 도시로 언급하지 <u>않은</u> 곳은 어디인가요?　　　(　　　　)

① 키토　　　　　　② 라파스　　　　　　③ 보고타
④ 멕시코시티　　　　⑤ 앙코르 와트

6 ㉡에 사는 사람들의 생활 모습으로 알맞지 <u>않은</u> 것은 어느 것인가요?　　(　　　　)

① 라마와 알파카를 이용해 짐을 싣고 이동한다.
② 망토와 같은 긴 옷을 걸치고 챙이 넓은 모자를 쓴다.
③ 일정 고도 이상의 높은 산지에서는 가축을 방목한다.
④ 서늘한 기후에서도 잘 자라는 감자와 옥수수를 재배한다.
⑤ 겨울철에는 추운 날씨에 대비해 가축의 털로 만든 옷을 입는다.

7 이 글을 읽고, 다음에서 설명하는 내용을 바르게 이해한 사람은 누구인가요?　(　　　　)

> 　고산 도시는 기압이 낮아 산소가 희박하여 고산병이 나타날 위험이 있고, 산으로 둘러싸인 분지 형태의 도시들은 대기의 순환이 원활하지 않기 때문에 대기 오염이 심해지기도 한다. 또한 일사량이 많고 자외선이 강하게 내리쬐어 고산 도시에 사는 사람들은 햇볕에 그을린 피부색을 띠고 있는 경우가 많다.

① 선민: 고산 도시는 산지 지역이라서 공기가 신선할 것 같아.
② 지윤: 키토와 라파스는 일사량이 적어 휴양지로 각광받고 있어.
③ 동하: 페루의 마추픽추 유적지로 여행을 가면 고산병에 걸릴 수도 있어.
④ 아련: 고산 도시는 연중 선선한 바람이 불어서 대기 순환이 잘 이루어져.
⑤ 기준: 멕시코시티로 여행을 가면 고대 아스테카 문명의 자취를 찾을 수 있을 거야.

볼리비아의 수도 라파스의 독특한 이동 수단
볼리비아의 수도 라파스는 안데스 산지에 있는 고산 도시 중 하나로, 해발 고도가 3,600 m 이상입니다. 이처럼 높은 해발 고도 때문에 라파스에서는 이동 수단으로 케이블카를 이용하고 있습니다. 라파스는 도시 중심부에 비교적 해발 고도가 낮은 광장을 중심으로 성당과 공공 기관 등이 위치하고 있으며, 이보다 해발 고도가 높은 외곽 지역으로 도시가 점차 확대되고 있습니다.

1 다음 밑줄 친 낱말의 뜻으로 알맞은 것을 선으로 이어 보세요.

(1) 인류 문화의 발상지는 대개 강 유역이다. •

(2) 우리 고향은 최근 관광지로 각광을 받고 있다. •

(3) 이곳은 찬란한 고대 문명을 꽃피운 중심지였다. •

• ㉠ 사회적 관심이나 흥미.

• ㉡ 인류가 이룩한 물질적, 기술적, 사회 구조적인 발전.

• ㉢ 역사적으로 큰 가치가 있는 어떤 일이나 사물이 처음 나타난 곳.

2 다음 뜻풀이를 보고, 문장에 들어갈 알맞은 낱말을 골라 ○표 하세요.

(1) 이 등산로는 비교적 길이 { 평온한 / 평탄한 } 편이다.
　　└ 바닥이 평평한

(2) 우리 농장에서는 닭을 { 방목해서 / 접목해서 } 키우고 있다.
　　└ 가축을 놓아길러서

(3) 우리나라는 세종 대왕 때 문화와 과학 분야에서 { 각별한 / 찬란한 } 발전을 이루었다.
　　└ 일이나 이상 따위가 매우 훌륭한

3 다음 문장에서 '주식'이 어떤 뜻으로 사용되었는지 번호를 쓰세요.

주식 ─── ① 밥이나 빵과 같이 끼니에 주로 먹는 음식.

　　　 ─── ② 주식회사의 자본을 구성하는 단위.

(1) 쌀은 우리 민족의 주식이다. 　　　　　　　　　　　(　　)

(2) 정호는 여러 회사의 주식을 보유하고 있다. 　　　　(　　)

(3) 선아는 주식 투자와 관련된 여러 책을 읽고 있다. 　(　　)

(4) 아영이는 건강을 위해 잡곡밥을 주식으로 삼고 있다. (　　)

5장 종교와 의식주 문화

매체 독해 다음 자료를 보고, 물음에 답해 봅시다.

이슬람 여성의 의복 문화

이슬람교를 믿는 여성들은 신체를 가리기 위해 베일을 씁니다. 베일의 명칭과 형태는 다양하게 나타나는데, 종교적 계율이 강한 지역이나 신앙이 강한 여성일수록 신체 노출 부위가 적은 베일을 씁니다.

히잡
• 얼굴만 내어놓는 두건의 형태로, 머리와 어깨에 두르고 핀으로 고정하여 착용합니다.
• 터키, 시리아의 여성들이 주로 착용합니다.

차도르
• 헐렁한 겉옷의 일종으로 얼굴을 제외한 온몸을 감싸며, 주로 검은색이 많습니다.
• 이란, 이라크의 여성들이 주로 착용합니다.

니캅
• 눈을 제외한 얼굴 전체를 가리며, 주로 머리와 몸 전체를 가리는 복장과 함께 착용합니다.
• 파키스탄, 모로코의 여성들이 주로 착용합니다.

부르카
• 몸 전체를 가리며, 눈 부위는 망사로 되어 있어 앞을 볼 수 있습니다.
• 아프가니스탄, 이집트의 여성들이 주로 착용합니다.

1 다음 의복에 영향을 미친 종교는 무엇인지 쓰세요.

> 히잡　　　니캅　　　부르카　　　차도르

(　　　　　　　　　　)

2 이슬람 여성의 의복에 대한 설명으로 옳은 것에는 ○표, 옳지 <u>않은</u> 것에는 ×표 하세요.

(1) 히잡은 얼굴을 제외한 온몸을 감싸는 겉옷의 일종이다. 　　　　　　　 (　　)

(2) 아프가니스탄, 이집트에 사는 여성들은 부르카를 주로 착용한다. 　　　 (　　)

(3) 종교적 계율이 강한 지역일수록 신체 노출 부위가 적은 베일을 쓴다. 　 (　　)

(4) 니캅은 몸 전체를 가리며, 눈 부위는 망사로 되어 있어 앞을 볼 수 있다. (　　)

미국의 한 ❶여론 조사 기관의 통계에 따르면, 2015년을 기준으로 전 세계 인구 중 크리스트교 신자는 약 31.2 %, 이슬람교 신자는 약 24.1 %, 힌두교 신자는 약 15.1 %, 불교 신자는 약 6.9 %, 민간 신앙 및 기타 종교인은 약 6.5 %, 유대교 신자는 약 0.2 %를 차지한다고 합니다. 종교가 없는 사람이 약 16 %인 점을 생각하면, 무려 84 %에 해당하는 사람들이 종교를 가지고 있다는 것을 알 수 있습니다. 이처럼 종교는 사람들과 밀접한 관련을 맺고 사람들의 정신세계에서부터 일상생활에 이르기까지 광범위하게 영향을 미치고 있습니다.

크리스트교는 하느님을 유일한 신으로 섬기고 그의 아들 예수를 구원자로 믿는 종교입니다. 크리스트교는 특히 서구 사회의 생활 전반에 큰 영향을 주었으며, 이후 세계 각지로 전파되어 오늘날에는 가장 많은 사람들이 믿는 종교가 되었습니다. 크리스트교는 ❷종파에 따라 술을 금지하는 문화가 나타나기도 합니다. 한편, 유대인의 ❸민족 종교인 유대교는 크리스트교와 같이 하느님을 믿지만, 예수를 하느님의 아들로 인정하지 않는다는 점에서 큰 차이점이 있습니다. 유대교 신자들은 그들의 경전인 토라에 적힌 내용에 따라 지느러미와 비늘이 있는 해산물만 먹고, 돼지고기를 먹지 않습니다.

이슬람교는 무함마드가 ❹창시한 종교로, 유일한 신으로 섬기는 알라가 무함마드를 통하여 정리한 쿠란을 경전으로 합니다. 이슬람교 신자들은 국가 통치뿐만 아니라 일상생활에서도 이슬람교의 엄격한 ❺계율을 따릅니다. 이에 따라 하루에 다섯 번씩 성지인 메카를 향해 기도하고, 평생에 한 번 이상은 메카를 방문해야 합니다. 또한 돼지고기, 동물의 피, 술 등을 먹지 않으며, 여성들은 히잡이나 부르카 등 베일로 얼굴을 가리고 생활합니다.

힌두교는 수많은 신을 섬기는 다신교로, 인도의 토착 신앙과 합하여지고 불교 등의 영향을 받았습니다. 힌두교 신자들은 소를 신성시하여 쇠고기를 먹지 않고, 옷감을 자르거나 바느질하는 것을 바람직하지 않게 여기기 때문에 여성들은 한 장의 천으로 만든 사리를 입습니다. 또 이들은 갠지스강을 신성시하여 그곳에서 몸을 닦고 죄를 씻는 종교 의식을 갖습니다.

불교는 석가모니가 창시한 후 동양의 여러 나라에 전파되어 영향을 미친 종교입니다. 불교 신자들은 석가모니의 가르침을 전하고 실천하며, 신에 대한 신앙보다는 개인의 깨달음을 얻기 위한 수행과 자비를 중시합니다. 불교의 계율 중에는 ❻살생을 금지하는 항목이 있어서 사찰에서는 고기를 먹지 않습니다.

---

❶ **여론**: 사회 대중의 공통된 의견.
❷ **종파**: 같은 종교의 갈린 갈래.
❸ **민족 종교**: 대개 창시자의 이름은 알려지지 않으며 민족의 성립과 더불어 형성되고 성장한 종교.
❹ **창시**: 어떤 사상이나 학설 따위를 처음으로 시작하거나 내세움.
❺ **계율**: 지켜야 할 규범.
❻ **살생**: 사람이나 짐승 따위의 생물을 죽임.

1 이 글의 중심 낱말은 무엇인지 쓰세요.

(   )

2 이 글의 짜임을 알맞게 나타낸 것은 어느 것인가요?　　　　　　　　(　　　)

3 이 글에서 답을 알 수 <u>없는</u> 질문은 어느 것인가요?　　　　　　　　(　　　)

① 이슬람교의 성지는 어디인가요?
② 유대교 경전의 이름은 무엇인가요?
③ 힌두교를 창시한 사람은 누구인가요?
④ 크리스트교와 유대교의 공통점은 무엇인가요?
⑤ 사찰에서 고기를 먹지 않는 까닭은 무엇인가요?

4 세계의 주요 종교에 대한 설명으로 옳은 것에는 ○표, 옳지 <u>않은</u> 것에는 ×표 하세요.

(1) 유대교는 예수를 하나님의 아들로 인정하지 않는다.　　　　　　　(　　　)
(2) 유대교와 이슬람교 신자들은 쇠고기를 먹지 않는다.　　　　　　　(　　　)
(3) 이슬람교는 알라가 창시한 종교로, 쿠란을 경전으로 한다.　　　　(　　　)
(4) 불교는 신에 대한 신앙보다는 개인의 깨달음을 얻기 위한 수행과 자비를 중시한다.

(　　　)

5 힌두교의 특징을 보기 에서 모두 고른 것은 어느 것인가요? ( )

> 보기 ㉠ 오직 하나의 신만을 섬긴다.
> ㉡ 힌두교를 믿는 여성들은 사리를 입는다.
> ㉢ 소를 불결하게 여겨 쇠고기를 먹지 않는다.
> ㉣ 갠지스강에서 몸을 닦고 죄를 씻는 종교 의식을 갖는다.

① ㉠, ㉡   ② ㉠, ㉢   ③ ㉡, ㉢
④ ㉡, ㉣   ⑤ ㉢, ㉣

6 다음 내용과 관련 있는 종교로 알맞은 것은 어느 것인가요? ( )

> 2016년 브라질에서 열린 리우 올림픽에서는 '히잡'을 쓰고 경기에 나선 여성 선수들이 있었다. 종교적인 계율에 따라 사회 활동이 제한적인 이란의 여성은 태권도, 사격 등 히잡 착용이 가능한 종목에만 출전할 수 있었다.

① 불교   ② 유대교   ③ 힌두교
④ 이슬람교   ⑤ 크리스트교

7 다음 그래프의 ㉠에 대한 설명으로 알맞은 것은 어느 것인가요? ( )

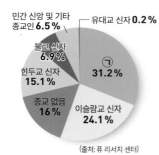

▲ 세계의 종교 인구 구성

① 경전인 토라에 적힌 내용에 따라 산다.
② 석가모니의 가르침을 전하고 실천한다.
③ 하루에 다섯 번씩 성지를 향해 기도한다.
④ 지느러미와 비늘이 있는 해산물만 먹는다.
⑤ 하느님을 유일한 신으로 섬기고 예수를 구원자로 믿는다.

배경 +지식 넓히기

이슬람교 신자들이 먹고 쓸 수 있는 제품, 할랄

할랄은 이슬람교 신자들이 먹고 쓰는 것을 통틀어 이르는 말로, 이슬람 율법에 따라 허용된 것을 의미합니다. 과일·채소·어패류 등 대부분의 음식과 이슬람의 방식으로 도살된 쇠고기, 염소 고기, 양고기와 이를 재료로 만든 화장품들이 인증 대상입니다. 최근에는 전 세계적으로 이슬람교 신자들이 증가함에 따라 할랄 인증에 대한 관심이 높아지고 있습니다.

1 다음 낱말의 뜻으로 알맞은 것을 선으로 이어 보세요.

(1) 동학은 최제우에 의하여 창시되었다. •

• ㉠ 지켜야 할 규범.

(2) 불교 신자에게는 꼭 지켜야 할 계율이 있다. •

• ㉡ 같은 종교의 갈린 갈래.

(3) 원효는 불교의 모든 종파를 통합하기 위하여 노력하였다. •

• ㉢ 어떤 사상이나 학설 따위를 처음으로 시작하거나 내세움.

2 다음 빈칸에 들어갈 말의 뜻을 보고, 알맞은 낱말을 보기 에서 찾아 쓰세요.

보기   경관   신앙   전파   통치

(1) 우리 부모님은 _____이/가 깊다.
  └ 한 종교의 신을 믿고 높이 받드는 것.

(2) 온 백성들이 그의 _____ 능력을 높게 평가한다.
  └ 나라나 지역을 도맡아 다스림.

(3) 혼자 우뚝 솟은 저 건물은 주변의 _____과/와 어울리지 않는다.
  └ 산이나 들, 강, 바다 따위의 자연이나 지역의 풍경.

(4) 인터넷을 통해 우리나라 대중문화의 _____이/가 활발히 이루어지고 있다.
  └ 전하여 널리 퍼뜨림.

3 다음 문장에서 '씻다'가 어떤 뜻으로 사용되었는지 번호를 쓰세요.

씻다 ── ① 물이나 휴지 따위로 때나 더러운 것을 없게 하다.
② 누명, 오해, 죄과 따위에서 벗어나 다른 사람 앞에서 떳떳한 상태가 된다.
③ 현재의 좋지 않은 상태에서 벗어나다.

(1) 밥을 하려고 먼저 쌀을 깨끗이 씻었다.   (   )
(2) 음악을 들으면서 하루 동안의 피로를 씻는다.   (   )
(3) 왕은 장화와 홍련이의 억울한 누명을 씻어 주었다.   (   )

다양한 삶의 모습을 이해해요

매체 독해 다음 누리 소통망 서비스(SNS)를 보고, 물음에 답해 봅시다.

---

sunbin

중국의 대표 음식 만두

일본의 대표 음식 타코야끼

♥ ♡ ⊲

♥ 좋아요 32개

가족들과 함께 '세계인의 날' 행사에 다녀왔다. 행사장에서 세계 여러 나라의 전통 음악 공연을 보고, 전통 음식도 맛볼 수 있었다. 이 밖에 전통 의상 입어 보기, 전통 놀이 체험하기 등 다양한 체험 행사를 통해 다른 나라의 문화를 직접 경험할 수 있었다.

세계 여러 나라의 서로 다른 다양한 문화에 대해서 생각해 볼 수 있었던 뜻깊은 하루였다.

댓글 3개 모두 보기

jinhan 난 스코틀랜드에서 남자들이 입는 킬트라는 전통 의상을 입어 봤어. 치마는 처음 입어 봤는데, 낯설지만 신기하고 재미있었어.

goeun 가족들과 보즈라는 음식을 먹었어. 몽골에서 설날 아침에 먹는 전통 음식인데, 중국의 만두와 모양이 비슷했어.

jaehun 하네츠키를 하고 왔어! 일본의 전통 놀이인데, 배드민턴과 비슷했어.

---

1 글쓴이가 '세계인의 날' 행사에서 한 일로 알맞은 것을 모두 골라 ○표 하세요.

| 세계 여러 나라의 전통 음식 맛보기 ☐ | 세계 여러 나라의 전통 놀이 체험하기 ☐ | 세계 여러 나라의 전통 무술 체험하기 ☐ |

2 글쓴이의 친구들이 남긴 댓글을 보고 알 수 있는 사실로 옳은 것에는 ○표, 옳지 <u>않은</u> 것에는 ×표 하세요.

(1) 킬트는 스코틀랜드의 여자들이 입는 치마이다. ( )

(2) 몽골의 전통 음식인 보즈는 중국의 만두와 비슷하다. ( )

(3) 중국의 하네츠키는 배드민턴과 비슷한 전통 놀이이다. ( )

세계에는 다양한 문화가 존재하고 있습니다. 다양한 문화 중에는 비슷한 문화도 있고, 다른 문화도 있습니다. 이때 비슷한 문화가 나타나는 지역을 하나의 ❶문화권으로 묶을 수 있는데, 이를 '문화 지역'이라고 합니다. 문화 지역은 종교, 언어, 민족, 의식주 등 구분하는 기준에 따라 두 지역이 하나의 문화 지역으로 묶이기도 하고, 서로 다른 문화 지역으로 나뉘기도 합니다. 동아시아에 속하는 우리나라와 중국, 일본이 문자로는 한자 문화 지역에 속하지만, 전통 복장을 기준으로 할 때 우리나라는 한복, 중국은 치파오, 일본은 기모노로 서로 다른 문화 지역에 속하는 것처럼 문화 지역은 고정된 것이 아니라 그 기준에 따라 달라질 수 있습니다. 이처럼 문화가 지역에 따라 다양한 모습으로 형성되고, 또 같은 지역에서도 다양하게 나타나는 까닭은 무엇일까요?

지역에 따라 문화가 다양하게 나타나는 까닭은 ㉠문화의 형성에 지역의 자연환경이 많은 영향을 미치기 때문입니다. 예로부터 사람들은 덥거나 추운 기후에 적응하며 살아가기 위하여 다양한 형태의 옷을 만들었습니다. 또한 각자 다른 기후, 지형, 토양 등의 조건에 따라 얻을 수 있는 음식 재료를 이용하여 음식을 만들었으며, 주변에서 쉽게 구할 수 있는 재료를 이용하여 가옥을 지었습니다. 이처럼 자연환경이 다르기 때문에 지역마다 의식주 문화가 다양하게 나타나게 된 것입니다.

문화는 경제 수준의 차이에 따라 달라지기도 합니다. 일반적으로 경제 수준이 높은 지역일수록 높은 건물, 넓은 도로 등 인공적인 경관이 ㉡두드러지며, 현대적인 생활 모습이 나타납니다. 또한 사회 제도나 규범의 변화에 따라 결혼 제도나 장례 풍습 등이 달라지기도 합니다. 종교도 문화에 큰 영향을 미치는 요소입니다. 종교의 ❷교리에 따라 사람들이 입는 옷과 먹는 음식에 차이가 생기기도 하고, 종교의 특징에 따라 문화 경관도 다양하게 나타납니다. 이와 같이 경제적·사회적 환경이 다른 것도 지역마다 다양한 문화가 나타나게 된 배경이 됩니다.

오늘날에는 세계화의 영향으로 세계 여러 지역에서 교류와 이동이 늘어나면서 민족, 언어, 종교 등 서로 다른 문화를 가진 사람들이 ❸공존하는 지역이 증가하고 있습니다. 그리고 그 안에서 서로 다른 문화의 차이를 이해하지 못하거나 인정하지 않아 갈등이 발생하기도 합니다. 그렇다면 문화 차이로 인한 갈등은 어떻게 해결할 수 있을까요? 무엇보다 ❹문화 상대주의의 ❺관점에서 상대방의 문화를 이해하고 존중하는 태도를 갖는 것이 중요합니다. 문화 차이에서 발생하는 갈등을 평화롭게 해결하고 공존해 나간다면 우리 사회는 더욱 발전할 수 있을 것입니다.

----

❶ **문화권**: 공통된 특징을 보이는 어떤 문화가 지리적으로 분포하는 범위.

❷ **교리**: 종교적인 원리나 이치.

❸ **공존하다**: 두 가지 이상의 사물이나 현상이 함께 존재하다.

❹ **문화 상대주의**: 세계 문화의 다양성을 인정하고, 각 문화는 독특한 자연환경과 역사적·사회적 상황에서 이해해야 한다는 견해.

❺ **관점**: 사물이나 현상을 관찰할 때, 그 사람이 보고 생각하는 태도나 방향 또는 처지.

1 다음에서 설명하는 것은 무엇인지 이 글에서 찾아 쓰세요.

> 비슷한 문화가 나타나는 지역을 하나의 문화권으로 묶은 것을 가리키는 말이다.

(   )

2 이 글의 내용으로 알맞은 것은 어느 것인가요? (정답 2개)   (   )

① 문화 지역은 고정된 것으로 변화하지 않는다.
② 문화 지역은 종교, 언어, 민족 등을 기준으로 구분할 수 있다.
③ 문화 지역은 하나의 문화 요소만을 기준으로 구분해야 한다.
④ 경제적·사회적 환경의 차이에 따라 다양한 문화가 나타난다.
⑤ 오늘날에는 서로 다른 문화를 가진 사람들이 공존하는 지역이 감소하는 추세이다.

3 우리나라가 속하는 문화 지역을 모두 골라 ○표 하세요.

| 한복 문화 지역 | 한자 문화 지역 | 기모노 문화 지역 | 치파오 문화 지역 |

(   )   (   )   (   )   (   )

4 ㉠의 사례로 알맞지 <u>않은</u> 것은 어느 것인가요?   (   )

① 열대 기후 지역에서는 통풍이 잘되는 옷을 입는다.
② 힌두교를 믿는 사람들은 소를 신성시하여 쇠고기를 먹지 않는다.
③ 강수량이 많은 지역에서는 집을 지을 때 지붕의 경사를 가파르게 한다.
④ 냉대 기후 지역에서는 주변에서 쉽게 구할 수 있는 통나무로 집을 짓는다.
⑤ 사막에서는 햇볕과 모래바람으로부터 피부를 보호하려고 온몸을 감싸는 옷을 입는다.

5 ⓒ과 바꾸어 쓸 수 있는 말로 알맞지 <u>않은</u> 것은 어느 것인가요? (   )

① 강조되며   ② 돋보이며   ③ 드러나며
④ 뛰어나며   ⑤ 적당하며

6 문화가 지역에 따라 다양하게 나타나는 까닭을 바르게 말한 사람의 이름을 쓰세요.

- 지혁: 지역마다 지형, 기후 등 자연환경이 비슷하기 때문이야.
- 다예: 사회 제도나 규범의 변화로 지역의 문화가 달라질 수 있어.
- 세훈: 어떤 지역의 경제 수준이 더 높다고 해서 문화에 차이가 생기는 것은 아니야.

(   )

7 문화 차이에서 발생하는 갈등의 해결 방법으로 알맞은 것을 보기에서 모두 고른 것은 어느 것인가요? (   )

보기

ㄱ 서로의 문화를 이해하고 존중하는 태도를 지녀야 한다.
ㄴ 소수의 문화보다는 다수의 문화에 따르는 것이 중요하다.
ㄷ 문화 상대주의의 관점에서 상대방의 문화를 바라보아야 한다.
ㄹ 다른 문화를 판단할 때에는 우리 문화를 기준으로 우열을 판단한다.

① ㄱ, ㄴ   ② ㄱ, ㄷ   ③ ㄴ, ㄷ
④ ㄴ, ㄹ   ⑤ ㄷ, ㄹ

배경 +지식 넓히기

다양한 문화가 공존하는 나라, 싱가포르

싱가포르는 원래 말레이인이 살던 곳이었으나, 영국의 식민 지배 과정에서 영국인과 인도인, 중국인 등이 유입되면서 다양한 민족, 언어, 종교 등이 뒤섞이게 되었습니다. 이에 싱가포르 정부가 여러 민족과 문화가 서로 어우러져 살아갈 수 있도록 공용어로 영어, 말레이어, 타밀어, 중국어를 사용하고, 인종 및 민족 간 평등 정책을 펼치고 있어 싱가포르 주민들은 평화롭게 살아가고 있습니다.

1 다음 밑줄 친 낱말의 뜻을 보기 에서 찾아 기호를 쓰세요.

> **보기**
> ㉠ 종교적인 원리나 이치.
> ㉡ 공통된 특징을 보이는 어떤 문화가 지리적으로 분포하는 범위.
> ㉢ 사물이나 현상을 관찰할 때, 그 사람이 보고 생각하는 태도나 방향 또는 처지.

(1) 동학의 교리는 인내천이다. ( )
(2) 다른 의견에 대해 편협한 시각을 벗고 폭넓은 관점을 가져야 한다. ( )
(3) 텔레비전 다큐멘터리를 시청하고 이슬람 문화권에 대해 이해할 수 있었다. ( )

2 다음 문장에서 밑줄 친 낱말의 기본형을 쓰고, 이와 비슷한 뜻을 가진 낱말을 보기 에서 찾아 쓰세요.

> **보기**   뛰어넘다   주고받다   충분하다

(1) 순발력을 발휘하여 위기를 극복했다. [ ] = [ ]

(2) 아직 영화 시작까지 시간이 넉넉하다. [ ] = [ ]

(3) 두 사람은 눈빛을 교류하더니 밖으로 나갔다. [ ] = [ ]

3 다음 문장에서 '공존하다'가 어떤 뜻으로 사용되었는지 번호를 쓰세요.

> **공존하다**
> ① 두 가지 이상의 사물이나 현상이 함께 존재하다.
> ② 서로 도와서 함께 존재하다.

(1) 우리 사회에는 다양한 가족의 형태가 공존한다. ( )
(2) 인간은 자연과 조화를 이루면서 공존하며 살아가야 한다. ( )
(3) 이번 결과에는 긍정적인 측면과 부정적인 측면이 공존한다. ( )
(4) 시장 상인들은 대립에서 벗어나 공존하기 위한 방안을 찾았다. ( )

신나는 퍼즐 퍼즐

낱말판의 가로, 세로, 대각선에 숨어 있는 낱말을 찾으며,
주제4에서 공부한 용어의 뜻을 다시 한번 떠올려 봐요.

산	잉	오	아	시	스	젓	초	원
지	카	레	수	가	끼	리	가	구
문	인	나	저	고	상	가	옥	락
화	안	데	트	교	대	수	문	명
권	상	한	크	리	스	트	교	사
포	춘	알	파	카	기	건	파	막
카	기	자	한	후	히	메	카	기
리	후	열	대	기	후	론	츄	후

힌트

❶ 우리나라와 중국, 일본 사람들이 음식을 집어 먹을 때 공통으로 사용하는 식사 도구.

❷ 공통적인 기후 특성에 따라 구분한 지대. 예 ○○○는 대체로 위도에 평행하게 나타난다.

❸ 가옥이 지면 위에 지어지지 않고, 지면으로부터 떨어져 짓는 집.

❹ 연 강수량이 250 mm 미만으로, 강수량이 적어 식물이 거의 생육할 수 없는 기후.

❺ 사막 가운데에 샘이 솟고 풀과 나무가 자라는 곳.

❻ 다른 지역에 있는 물을 끌어오기 위해 만든 이란의 지하 관개 수로.

❼ 일 년 내내 우리나라의 봄과 같은 날씨가 나타나는 열대 고산 기후를 달리 부르는 말.

❽ 하느님을 유일한 신으로 섬기고 그의 아들 예수를 구원자로 믿는 종교. 비슷 기독교

❾ 이슬람교의 창시자인 무함마드가 태어난 곳으로 이슬람교 최고의 성지.

❿ 공통된 특징을 보이는 어떤 문화가 지리적으로 분포하는 범위. 예 우리나라와 중국, 일본은 한자
○○○에 속한다.

주제

5

살기 좋은 지구촌

이번 주에 공부할 내용에 대한
주간 학습 계획을 세워 보세요.

정답 확인
하루한장 앱에서
학습 인증하고
하루템을 모으세요!

 매체 독해   다음 사진전의 모습을 보고, 물음에 답해 봅시다.

남북 정상 회담 개최(2018년)

개성 공단 가동(2005년)

남북 예술단
합동 공연(2018년)

평창 동계 올림픽 남북한
선수단 공동 입장(2018년)

(출처: 연합뉴스)

1 위 사진전의 주제로 알맞은 것을 골라 ○표 하세요.

남북한의 경제 협력 ☐

통일 한국의 변화된 모습 ☐

남북통일을 향한 발걸음 ☐

2 위 사진전을 보고 알 수 있는 내용으로 알맞지 <u>않은</u> 것은 어느 것인가요?　(　　　　　)

① 남과 북이 통일을 위하여 다양한 노력을 시도하였음을 알 수 있다.

② 개성 공단 가동 사진을 통해 남북이 경제적으로 협력하였다는 것을 알 수 있다.

③ 남북 예술단 합동 공연 사진은 남북이 문화적으로 교류하는 모습을 보여 주고 있다.

④ 남북 정상 회담 개최 사진은 남북의 대표가 정치적으로 대립하는 모습을 보여 주고 있다.

⑤ 평창 동계 올림픽 남북한 선수단 공동 입장 사진을 통해 남북이 한 나라임을 알 수 있다.

(가) 한반도는 어떻게 분단국가가 되었을까요? 1945년 8월 15일, 우리나라는 일제의 식민 통치에서 벗어나 광복을 맞이하였습니다. 그러나 광복 이후 38도선을 경계로 남쪽에는 미군이, 북쪽에는 소련군이 **❶**주둔하며 남북이 대립하게 되었고, 이후 남과 북에 서로 다른 정부가 수립되었습니다. 그리고 1950년 6월 25일, 북한이 남한을 침략하면서 6·25 전쟁이 시작되었습니다. 전쟁은 치열하게 지속되다가 1953년 7월 27일에 **❷**정전 협정을 맺으며 중단되었습니다. 그러나 남북의 군사적 대치 상황이 계속되며 현재까지도 전쟁은 끝나지 않은 상태입니다.

(나) 오랫동안 지속된 남북 분단은 한반도에 여러 가지 문제를 일으켰습니다. 먼저 남한과 북한은 국방비를 과도하게 지출하고 있으며, 남북의 자원을 효율적으로 이용하지 못해 경제적인 손실을 입고 있습니다. 또한 남북 간에 언어와 문화의 **❸**이질화가 심각해지고, 한 민족으로서 가져야 할 민족의 동질성이 약화되는 문제가 나타났습니다. 서로 흩어져 만날 수 없게 된 이산가족, 고향을 잃고 돌아갈 수 없게 된 실향민도 발생하였습니다.

(다) 만약 남북한이 통일된다면 어떤 이점을 얻을 수 있을까요? 통일은 국방비 지출 등 군사적 대립으로 생기는 막대한 경제적 비용의 낭비를 줄여 줍니다. 이에 따라 남는 비용은 경제나 복지 분야 등 국민의 삶의 질을 높이는 데 사용할 수 있습니다. 또한 남한의 기술과 북한의 지하자원 및 노동력을 결합해 효율적으로 이용하면 경쟁력 있는 제품을 만들 수 있습니다. 마지막으로 통일은 이산가족의 아픔을 치유하고, 북한의 인권 및 기아 문제를 해결하는 데에도 기여할 수 있습니다.

(라) 통일이 되면 한반도의 지리적 이점도 살릴 수 있게 됩니다. 우리나라는 아시아 대륙의 동쪽에 있는 반도국으로, 대륙과 해양으로 진출하기에 유리합니다. 그러나 남북으로 분단되며 대륙으로 진출하는 통로가 단절되어 국토를 효율적으로 활용하지 못하였습니다. 남북한이 통일되면 우리나라는 도로나 철도를 이용해 대륙과 교류할 수 있게 될 것이고, 동아시아 교통의 **❹**요지라는 장점을 살려 동아시아뿐 아니라 세계 여러 나라와 활발하게 교류할 수 있을 것입니다.

(마) 그렇다면 남북통일은 어떻게 이루어져야 할까요? 통일의 발판을 마련하기 위해서는 서로 이해하고 신뢰하는 태도가 바탕이 되어야 합니다. 또한 통일 이전부터 교류를 점차적으로 확대하며 남북한의 경제적·사회적·문화적 차이를 줄여 가야 할 것입니다. 나아가 남북 간의 원활한 협력을 가능하게 하는 **❺**기반 시설을 만들고, 자원이나 기술을 함께 개발해 가는 제도를 만드는 등 다양한 노력을 기울여야 합니다.

---

❶ 주둔하다: 군대가 임무 수행을 위하여 일정한 곳에 집단적으로 얼마 동안 머무르다.
❷ 정전: 교전 중에 있는 양방이 합의에 따라 일시적으로 전투를 중단하는 일.
❸ 이질화: 바탕이 달라짐. 또는 바탕이 달라지게 함.
❹ 요지: 정치, 문화, 교통, 군사 따위의 핵심이 되는 곳.
❺ 기반: 기초가 되는 바탕. 또는 사물의 토대.

1 이 글에서 알 수 있는 내용이 <u>아닌</u> 것은 어느 것인가요?　　　　　　（　　　　）

① 남북 분단의 과정
② 바람직한 남북통일의 방향
③ 통일 후 발생할 수 있는 문제점
④ 통일로 얻을 수 있는 지리적 이점
⑤ 통일로 얻을 수 있는 경제적·사회적 이점

2 이 글을 내용에 따라 나눌 때 하나로 묶을 수 있는 것은 어느 것인가요?　　　（　　　　）

① (가), (나)　　　　　② (나), (다)　　　　　③ (다), (라)
④ (다), (마)　　　　　⑤ (라), (마)

3 우리나라가 분단된 과정을 순서에 맞게 번호를 쓰세요.

• 남한과 북한이 정전 협정을 맺었다.	（　　　　）
• 일제의 식민 통치에서 벗어나 광복을 맞이하였다.	（　　　　）
• 북한이 남한을 침략하면서 6·25 전쟁이 시작되었다.	（　　　　）
• 38도선을 경계로 남쪽에는 미군이, 북쪽에는 소련군이 주둔하였다.	（　　　　）

4 남북 분단으로 발생하는 문제점으로 알맞은 것을 모두 골라 ○표 하세요.

이산가족 상봉	남북 문화의 이질화	민족의 동질성 강화	국방비의 과도한 지출
（　　　　）	（　　　　）	（　　　　）	（　　　　）

5 남북통일로 얻을 수 있는 이점이 <u>아닌</u> 것은 어느 것인가요? ( )

① 이산가족의 아픔을 치유할 수 있다.
② 북한의 인권 및 기아 문제를 해결하는 데 기여할 수 있다.
③ 군사적 대립으로 생기는 경제적 비용의 낭비를 줄일 수 있다.
④ 남과 북의 군사력이 합쳐져서 세계적인 군사 강국으로 성장할 수 있다.
⑤ 남한의 기술과 북한의 지하자원 및 노동력을 결합해 효율적으로 이용할 수 있다.

6 (마)를 통해 알 수 있는 남북통일에 대한 글쓴이의 주장은 무엇인가요? ( )

① 통일은 남북 간의 교류 없이 즉각적으로 이루어져야 한다.
② 통일은 남과 북의 경제 격차를 먼저 해소한 후에 진행해야 한다.
③ 통일은 남한의 경제적 투자와 북한의 전적인 수용으로 이루어져야 한다.
④ 통일이 우리나라에 가져다주는 이익은 적으므로 꼭 해야 할 필요는 없다.
⑤ 통일을 이루기 위해서는 서로 이해하고 신뢰하는 태도를 바탕으로 교류해야 한다.

7 이 글을 읽고, 다음 지도가 의미하는 내용을 바르게 이해한 사람의 이름을 쓰세요.

- 미래: 통일이 되면 인구가 늘어나서 노동력이 풍부해질 거야.
- 민기: 통일이 되면 남북한의 문화 교류가 더욱 활발해질 것 같아.
- 선빈: 통일이 되면 북한의 지하자원을 효율적으로 이용할 수 있겠어.
- 한솔: 통일이 되면 해양 진출에 유리한 지리적 이점을 더욱 잘 살릴 수 있을 거야.

( )

통일을 위한 노력
남한과 북한은 통일을 위해 다양한 노력을 해 오고 있습니다. 이산가족 상봉 행사를 비롯하여 북한 관광 사업, 탁구나 축구와 같은 스포츠 경기에서 남북 단일팀 구성 등을 추진해 왔습니다. 또 2000년 6월에는 남한과 북한의 정상이 분단 이후 처음으로 만나 6·15 남북 공동 선언을 발표하기도 하였습니다.

하루 어휘

1 다음의 뜻을 가진 낱말을 보기 에서 찾아 쓰세요.

> 보기   기반   요지   정전   이질화

(1) 기초가 되는 바탕. 또는 사물의 토대. ( )
(2) 바탕이 달라짐. 또는 바탕이 달라지게 함. ( )
(3) 정치, 문화, 교통, 군사 따위의 핵심이 되는 곳. ( )
(4) 교전 중에 있는 양방이 합의에 따라 일시적으로 전투를 중단하는 일. ( )

2 다음 뜻풀이를 보고, 문장에 들어갈 알맞은 낱말을 골라 ○표 하세요.

(1) 국어 시간에 토의가 { 원활하게 / 쾌활하게 } 진행되었다.
└ 모난 데가 없고 원만하게

(2) 그는 { 과도한 / 과로한 } 지출을 줄이기 위해 가계부를 작성하였다.
└ 정도에 지나친

(3) 우리나라의 의료 발전에 { 기여한 / 증여한 } 전문가를 초빙하여 의견을 듣기로 하였다.
└ 도움이 되도록 이바지한

3 다음 낱말에서 빨간색으로 표시된 말의 뜻으로 알맞은 것을 선으로 이어 보세요.

(1) 국방비, 교통비 •   • ㉠ '성질'의 뜻을 더하는 말.
(2) 동질성, 양면성 •   • ㉡ '비용' 또는 '돈'의 뜻을 더하는 말.
(3) 기술력, 노동력 •   • ㉢ '능력' 또는 '힘'의 뜻을 더하는 말.

정답 확인

하루한장 앱에서 학습 인증하고 하루템을 모으세요!

 다음 노래 가사를 보고, 물음에 답해 봅시다.

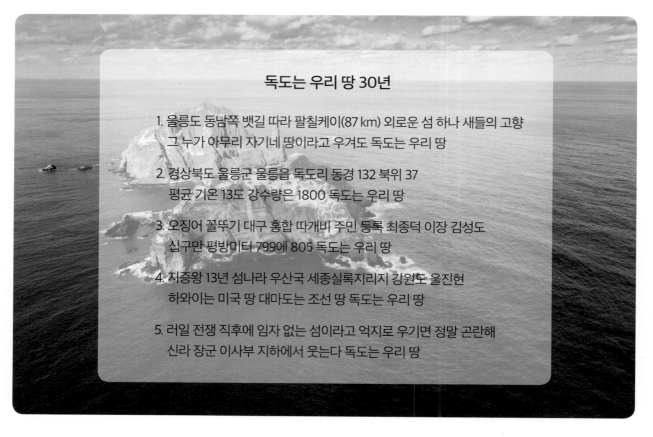

독도는 우리 땅 30년

1. 울릉도 동남쪽 뱃길 따라 팔칠케이(87 km) 외로운 섬 하나 새들의 고향
   그 누가 아무리 자기네 땅이라고 우겨도 독도는 우리 땅

2. 경상북도 울릉군 울릉읍 독도리 동경 132 북위 37
   평균 기온 13도 강수량은 1800 독도는 우리 땅

3. 오징어 꼴뚜기 대구 홍합 따개비 주민 등록 최종덕 이장 김성도
   십구만 평방미터 799에 805 독도는 우리 땅

4. 지증왕 13년 섬나라 우산국 세종실록지리지 강원도 울진현
   하와이는 미국 땅 대마도는 조선 땅 독도는 우리 땅

5. 러일 전쟁 직후에 임자 없는 섬이라고 억지로 우기면 정말 곤란해
   신라 장군 이사부 지하에서 웃는다 독도는 우리 땅

1 위 노래 가사를 통해 알 수 있는 내용이 <u>아닌</u> 것은 어느 것인가요? ( )

① 독도의 면적은 19만 평방미터이다.
② 독도는 사람들이 살지 않는 외로운 섬이다.
③ 독도의 평균 기온은 13 ℃, 강수량은 1,800 mm이다.
④ 러일 전쟁 직후에 특정 국가가 독도를 주인 없는 땅이라고 주장하였다.
⑤ 독도에는 오징어, 꼴뚜기, 대구, 홍합 등 다양한 해양 생물이 살고 있다.

2 다음은 독도의 위치를 위도와 경도로 나타낸 것입니다. 빈칸에 알맞은 숫자를 찾아 쓰세요.

독도는 북위 ( )°, 동경 ( )°에 가까이 있다.

우리나라의 동쪽 끝에는 우리 땅 독도가 있습니다. 독도는 화산 활동으로 형성된 섬으로, 동도와 서도 2개의 큰 섬과 89개의 크고 작은 바위섬으로 이루어져 있습니다. 512년 신라의 장군이었던 이사부가 우산국(울릉도 일대)을 신라의 영토로 ❶편입한 후, 독도는 울릉도와 함께 우리나라의 영토가 되었습니다. 오늘날에도 독도에는 우리나라의 주민과 경비대원, 등대 관리원 등이 거주하고 있으며 주민 생활에 필요한 각종 시설과 경비 활동을 위한 시설이 있습니다.

독도는 명백한 우리 고유의 영토인데, 자기 나라의 땅이라며 억지 주장을 하는 나라가 있습니다. 바로 일본입니다. 일본의 독도 ❷영유권 주장의 시작은 러일 전쟁으로 거슬러 올라갑니다. 1904년 일본은 러일 전쟁을 하면서 독도가 러시아 함대의 움직임을 파악하기 좋은 군사적 ❸요충지임을 알게 되었습니다. 그리고 1905년, 일본은 독도를 주인 없는 땅이라고 주장하며 불법적으로 자국의 영토에 편입시켰습니다. 이 같은 독도의 영유권에 대한 일본의 억지 주장은 지금도 계속되고 있습니다.

독도가 우리나라의 영토라는 사실은 지리적·역사적·국제법적으로도 증명할 수 있습니다. 먼저 지리적으로는 독도에서 울릉도까지의 거리는 87.4 km로, 일본 오키섬까지의 거리보다 무려 70 km나 더 가깝습니다. 맑은 날에는 울릉도에서 독도의 모습을 눈으로 직접 볼 수도 있습니다. 역사적 자료를 통해서도 독도가 우리의 영토라는 사실을 알 수 있습니다. 1454년의 『세종실록지리지』에는 독도와 울릉도가 강원도 울진현에 속한 섬이라고 나와 있습니다. 조선 숙종 때에는 어부 안용복이 울릉도 인근에서 고기잡이를 하다 일본 어민과 싸움이 붙어 일본으로 끌려갔다가 일본으로부터 울릉도와 독도가 우리의 영토임을 확인받고 돌아왔습니다. 1900년에 발표된 대한 제국 칙령 제41호에도 울릉도를 군으로 승격시켜 독도를 ❹관할하도록 하게 한다고 쓰여 있습니다. 1946년의 연합국 최고 사령관 각서 제677호에서는 일본의 영토에서 독도를 제외한다고 명시함으로써 독도가 우리의 영토임을 국제적으로 분명히 인정받았습니다.

독도는 우리의 영해와 영공, ❺배타적 경제 수역을 확보하는 데 있어 영역적 가치가 큰 곳입니다. 또한 동해의 한가운데에 자리 잡고 있어 군사적·안보적 측면에서도 중요한 역할을 합니다. 독도 주변의 바다는 수산 자원이 풍부하고, 미래 에너지원으로 주목받는 메탄 하이드레이트가 매장되어 있어 경제적 가치도 뛰어납니다. 더욱이 화산 활동으로 형성되어 지형 경관이 독특하고, 섬 전체가 천연보호 구역으로 지정되었다는 점에서 환경 및 생태적 가치도 지니고 있습니다. 그러므로 우리는 우리 땅 독도가 지닌 가치를 인식하고, 독도에 지속적인 관심을 갖고 독도를 지키려는 노력을 해야 합니다.

---

❶ 편입: 이미 짜인 한 동아리나 대열 따위에 끼어 들어감.

❷ 영유권: 자기 나라 영토라고 주장하는 권리.

❸ 요충지: 땅의 생긴 모양이나 형세가 군사적으로 아주 중요한 곳.

❹ 관할: 일정한 권한을 가지고 통제하거나 지배함. 또는 그런 지배가 미치는 범위.

❺ 배타적 경제 수역: 영해를 설정한 기준으로부터 200해리까지의 바다에서 영해를 제외한 바다.

1 이 글의 중심 낱말은 무엇인지 쓰세요.

(   )

2 이 글에서 답을 알 수 <u>없는</u> 질문은 어느 것인가요?   (   )

① 독도는 언제부터 우리 땅이었나요?
② 독도를 부르던 옛 이름은 무엇인가요?
③ 현재 독도에는 어떤 사람들이 살고 있나요?
④ 독도와 울릉도까지의 거리는 어떻게 되나요?
⑤ 독도 주변의 바다에는 어떤 자원이 묻혀 있나요?

3 독도의 지리적 특색을 보기 에서 모두 고른 것은 어느 것인가요?   (   )

> 보기
> ㉠ 우리나라의 서쪽 끝에 있다.
> ㉡ 화산 활동으로 형성된 섬이다.
> ㉢ 각종 주민 생활 시설과 경비 시설이 있다.
> ㉣ 동도와 서도 2개의 큰 섬으로만 이루어져 있다.

① ㉠, ㉡   ② ㉠, ㉢   ③ ㉡, ㉢
④ ㉡, ㉣   ⑤ ㉢, ㉣

4 1905년 일본이 독도를 불법적으로 자국의 영토에 편입시킨 까닭을 바르게 말한 사람의 이름을 쓰세요.

> • 서후: 독도의 자연환경이 아름다웠기 때문이야.
> • 아린: 독도가 러시아 땅이라는 것을 알게 되었기 때문이야.
> • 유진: 독도가 군사적 요충지라는 사실을 알게 되었기 때문이야.
> • 진성: 독도가 주인이 없는 땅이라는 것을 알게 되었기 때문이야.

(   )

5 독도가 우리의 영토임을 증명하는 근거로 알맞지 <u>않은</u> 것은 어느 것인가요? (　　　　)

① 독도는 지리적으로 일본의 오키섬보다 우리나라의 울릉도에 더 가깝다.
② 시마네현 고시 제40호에 독도가 강원도 울진현에 속한 섬이라고 나와 있다.
③ 대한 제국 칙령 제41호에 울릉도에 독도를 관할하도록 하게 한다고 쓰여 있다.
④ 조선의 어부 안용복이 일본으로부터 독도가 우리나라의 영토임을 확인받았다.
⑤ 연합국 최고 사령관 각서 제677호에 일본의 영토에서 독도를 제외한다고 명시되었다.

6 독도가 지닌 경제적 가치로 알맞은 것을 모두 골라 ○표 하세요.

풍부한 수산 자원	독특한 지형 경관	천연 보호 구역 지정	메탄 하이드 레이트의 매장
(　　　)	(　　　)	(　　　)	(　　　)

7 이 글을 읽고, 다음 내용을 바르게 이해한 것은 어느 것인가요? (　　　　)

> 1926년 일본의 육지측량부에서 제작한 지도에는 독도가 조선의 영토로 되어 있다. 또 일본의 민간 지도 회사인 일본지도주식회사가 1946년에 제작한 일본 시마네현 지도에서도 독도는 어디에도 표기되어 있지 않다.

① 1946년 이후 일본은 독도가 일본의 땅임을 인식하게 되었다.
② 일본은 1946년 이전까지 독도라는 섬의 존재를 모르고 있었다.
③ 일본은 지도를 통해 독도가 일본의 땅임을 주장하기 시작하였다.
④ 일본은 지도를 제작할 때 독도가 조선의 땅임을 인식하고 있었다.
⑤ 일본은 독도 영유권을 주장할 유리한 근거를 만들려고 지도에 독도를 표시하지 않았다.

독도를 지키려는 사람들의 노력
우리나라의 많은 사람들은 먼 옛날부터 독도를 지키기 위하여 노력하였습니다. 조선 시대에 일본에 가서 독도가 우리 영토임을 확인받았던 안용복도 있고, 독도에 처음으로 주민 등록을 하고 거주하였던 독도 주민 1호 최종덕 씨도 있습니다. 오늘날에도 경비대원, 등대 관리원, 울릉군청 독도 관리소 사무소 직원 등 약 50명이 독도에 거주하며 독도를 지키기 위하여 노력하고 있습니다.

1 다음 밑줄 친 낱말의 뜻으로 알맞은 것을 선으로 이어 보세요.

(1) 지도를 펼쳐 전략적 요충지가 될 장소를 살펴보았다. ·

(2) 두 국가 간의 영유권 분쟁이 수십 년째 지속되고 있다. ·

(3) 1900년 고종 황제는 독도를 대한 제국 관할 구역에 포함시켰다. ·

· ㉠ 자기 나라 영토라고 주장하는 권리.

· ㉡ 땅의 생긴 모양이나 형세가 군사적으로 아주 중요한 곳.

· ㉢ 일정한 권한을 가지고 통제하거나 지배함. 또는 그런 지배가 미치는 범위.

2 다음 문장에서 밑줄 친 낱말의 기본형을 쓰고, 이와 비슷한 뜻을 가진 낱말을 보기 에서 찾아 쓰세요.

보기	빼다	고집하다	이해하다

(1) 이야기의 주요 내용을 모두 파악했나요? [　　] = [　　]

(2) 아빠를 제외한 모든 가족들이 거실에 모였다. [　　] = [　　]

(3) 그는 가족들에게 자신의 주장을 끝까지 우겼다. [　　] = [　　]

3 다음 문장에서 '부르다'가 어떤 뜻으로 사용되었는지 번호를 쓰세요.

부르다
── ① 무엇이라고 가리켜 말하거나 이름을 붙이다.
── ② 먹은 것이 많아 속이 꽉 찬 느낌이 들다.

(1) 배가 불러서 도저히 걷지 못하겠다. (　　)
(2) 경상도 지역에서는 부추를 정구지라고 부른다. (　　)
(3) 점심시간에 급식을 많이 먹었더니 배가 부르다. (　　)
(4) 우리 자매는 집 앞 공원에 사는 고양이를 나비라고 불렀다. (　　)

지구촌 갈등, 국제 분쟁

매체 독해 다음 누리 소통망 서비스(SNS)를 보고, 물음에 답해 봅시다.

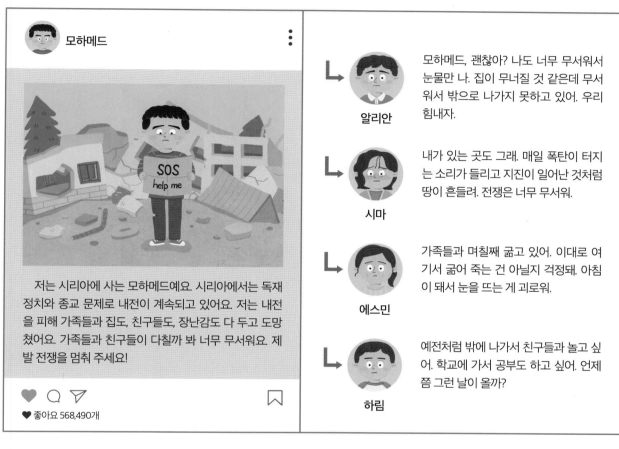

모하메드

저는 시리아에 사는 모하메드예요. 시리아에서는 독재 정치와 종교 문제로 내전이 계속되고 있어요. 저는 내전을 피해 가족들과 집도, 친구들도, 장난감도 다 두고 도망쳤어요. 가족들과 친구들이 다칠까 봐 너무 무서워요. 제발 전쟁을 멈춰 주세요!

♥ 좋아요 568,490개

알리안
모하메드, 괜찮아? 나도 너무 무서워서 눈물만 나. 집이 무너질 것 같은데 무서워서 밖으로 나가지 못하고 있어. 우리 힘내자.

시마
내가 있는 곳도 그래. 매일 폭탄이 터지는 소리가 들리고 지진이 일어난 것처럼 땅이 흔들려. 전쟁은 너무 무서워.

에스민
가족들과 며칠째 굶고 있어. 이대로 여기서 굶어 죽는 건 아닐지 걱정돼. 아침이 돼서 눈을 뜨는 게 괴로워.

하림
예전처럼 밖에 나가서 친구들과 놀고 싶어. 학교에 가서 공부도 하고 싶어. 언제쯤 그런 날이 올까?

1 시리아 내전의 원인으로 알맞은 것은 어느 것인가요? (정답 2개)　　　　　(　　　　)

① 분단 문제　　　　　② 언어 문제　　　　　③ 자원 문제

④ 정치 문제　　　　　⑤ 종교 문제

2 위 누리 소통망 서비스(SNS)를 보고 설명한 내용으로 옳은 것에는 ○표, 옳지 <u>않은</u> 것에는 ×표 하세요.

(1) 시마는 지진으로 인한 자연재해로 고통받고 있다.　　　　　　　　　　(　　　　)

(2) 모하메드는 알리안이 느끼는 감정에 공감하고 있다.　　　　　　　　　(　　　　)

(3) 에스민과 가족들은 며칠째 제대로 먹지 못한 상태이다.　　　　　　　　(　　　　)

(4) 하림은 예전처럼 친구들과 밖에 나가서 놀고 학교에도 가고 싶어 한다.　　(　　　　)

지구촌에서는 여러 가지 갈등이 끊임없이 일어나고 있습니다. 전쟁과 **❶**내전으로 일부 국가는 정치적·경제적 위기 상황에 놓여 있으며, 이로 인해 자국의 보호를 받지 못하게 된 국민들은 **❷**난민의 처지가 되어 머물 곳을 찾아 헤매기도 합니다. 이러한 갈등 속에서 많은 사람이 다치고 죽었으며, 심각한 기아 문제로 어려움을 겪기도 합니다. 그렇다면 이러한 갈등이 일어나는 까닭은 무엇일까요?

이스라엘과 팔레스타인은 '세계의 **❸**화약고'라고 불리는 지구촌의 대표적인 갈등 지역입니다. 이 지역의 갈등은 1948년 유대교를 믿는 유대인들이 이슬람교를 믿는 팔레스타인 지역에 이스라엘을 세우면서 시작되었습니다. 팔레스타인 사람들은 살던 곳에서 쫓겨나 난민이 되었고 이스라엘과 전쟁을 시작하였습니다. 영토 분쟁에서 시작된 두 국가의 갈등은 종교와 민족의 차이로 인한 분쟁까지 복잡하게 얽히게 되어 지금까지도 크고 작은 분쟁이 계속되고 있습니다.

페르시아만의 ㉠아부무사 섬은 ㉡이란과 ㉢아랍 에미리트가 서로 영유권을 주장하며 분쟁 중인 지역입니다. 아부무사 섬은 작은 면적에도 불구하고 경제적·지리적으로 가치가 높은 곳입니다. 석유 매장량이 상당할 뿐 아니라, 세계 석유를 공급하는 데 있어 중요한 위치를 차지하고 있는 ㉣호르무즈 **❹**해협의 **❺**길목에 있기 때문입니다. 현재 아부무사 섬은 이란에 속해 있지만 아랍 에미리트는 여전히 국제 사회에 중재와 지원을 호소하고 있어, 석유를 둘러싼 이란과 아랍 에미리트의 아부무사 섬 영유권 분쟁은 끝나지 않고 있습니다.

아프리카의 르완다에서는 종족 간 뿌리 깊은 갈등으로 인해 내전이 일어났습니다. 르완다에는 소수이지만 지배층으로 살아온 투치족과 **❻**토착 부족이면서 피지배층인 후투족이 살고 있었는데, 그들을 식민 통치 하던 벨기에가 투치족을 우대하며 종족 갈등이 시작되었습니다. 이후 르완다가 벨기에로부터 독립한 후에도 종족 갈등의 골은 깊어져만 갔고, 1994년에는 내전이 최악으로 치닫게 되어 수많은 사람들이 **❼**학살되고 다수의 난민이 발생하게 되었습니다.

이처럼 지구촌에서 일어나는 갈등은 영토, 자원, 종교, 민족, 역사, 정치 등 다양한 원인이 복합적으로 얽혀 있습니다. 지구촌은 서로 연결되어 있기 때문에 지구촌에서 발생하는 여러 가지 갈등은 갈등을 겪는 지역뿐만 아니라 세계 여러 나라에도 영향을 미칩니다. 따라서 지구촌 갈등은 짧은 시간 안에 해결하기 어렵고, 세계가 힘을 합치고 함께 노력해야 해결할 수 있습니다.

---

❶ 내전: 한 나라 안에서 일어나는 싸움.
❷ 난민: 전쟁이나 재난 따위를 당하여 곤경에 빠진 사람.
❸ 화약고: 분쟁이나 전쟁 따위가 일어날 위험이 많은 지역을 비유적으로 이르는 말.
❹ 해협: 육지 사이에 끼어 있는 좁고 긴 바다.
❺ 길목: 길의 중요한 통로가 되는 어귀.
❻ 토착: 대대로 그 땅에서 살고 있음. 또는 그곳에 들어와 자리를 잡고 삶.
❼ 학살: 가혹하게 마구 죽임.

1 이 글의 중심 낱말로 알맞은 것은 어느 것인가요?　　　　　　　　　　　　（　　　　）

① 갈등
② 국가
③ 난민
④ 내전
⑤ 지구촌

2 이 글의 짜임을 알맞게 나타낸 것은 어느 것인가요?　　　　　　　　　　　（　　　　）

① 1문단 — 2문단 — 3문단 — 4문단 — 5문단

② 1문단 ┬ 2문단 — 3문단
　　　　 └ 4문단 — 5문단

③ 1문단 — 2문단 — 3문단 ┬ 4문단
　　　　　　　　　　　　 └ 5문단

④ 1문단 — 2문단 ┬ 3문단
　　　　　　　　 ├ 4문단
　　　　　　　　 └ 5문단

⑤ 1문단 ┬ 2문단 ┐
　　　　 ├ 3문단 ├ 5문단
　　　　 └ 4문단 ┘

3 이 글에 대한 설명으로 알맞은 것은 어느 것인가요?　　　　　　　　　　　（　　　　）

① 지구촌 갈등을 바라보는 두 가지 입장을 소개하고 있다.
② 지구촌 갈등의 원인을 구체적인 수치를 사용하여 설명하고 있다.
③ 지구촌 갈등의 해결로 나타나는 이점을 추측하여 제시하고 있다.
④ 지구촌 갈등의 원인을 설명하기 위하여 구체적인 사례를 제시하고 있다.
⑤ 자신의 경험을 사례로 들어 지구촌 갈등의 문제점을 생생하게 전달하고 있다.

4 이스라엘과 팔레스타인의 갈등에 대한 설명으로 알맞지 <u>않은</u> 것은 어느 것인가요?

（　　　　）

① 크고 작은 분쟁이 계속되며 세계의 화약고라고 불린다.
② 유대인들로 인해 팔레스타인 사람들은 난민의 신세가 되었다.
③ 유대인들이 팔레스타인 지역에 이스라엘을 세우며 시작되었다.
④ 이스라엘이 팔레스타인 지역을 독차지하면서 전쟁이 종료되었다.
⑤ 영토로 인한 갈등인 동시에 종교와 민족 차이로 인한 갈등이기도 하다.

5 ⊙~⊜에 대한 설명으로 알맞은 것은 어느 것인가요? (정답 2개)   (   )

① ⊙은 현재 ⓒ에 속해 있다.

② ⊙과 ⓛ은 갈등을 겪고 있다.

③ ⓛ과 ⓒ은 서로 ⊙의 영유권을 주장하고 있다.

④ ⓔ은 세계 석유의 공급에 있어 중요한 위치를 차지하고 있다.

⑤ ⓒ은 작은 면적에도 불구하고 경제적·지리적 가치가 높은 곳이다.

6 다음 사례와 갈등의 원인이 가장 비슷한 것은 어느 것인가요?   (   )

> 중국에는 소수 민족의 시위가 끊이지 않고 있다. 이들은 중국 정부가 소수 민족인 자신들을 차별하고 한족에게 모든 특혜가 독점되어 있는 것에 불만을 품고 있다. 중국의 공권력은 이들의 시위를 무력으로 진압하고 있지만, 소수 민족들은 저항을 계속하며 민족의 정체성을 지키기 위하여 노력하고 있다.

① 1문단   ② 2문단   ③ 3문단

④ 4문단   ⑤ 5문단

7 지구촌 갈등에 대해 바르게 말한 사람의 이름을 모두 쓰세요.

> • 서윤: 지구촌 갈등의 문제는 짧은 시간 안에 해결할 수 있어.
> • 현서: 지구촌 갈등은 다양한 원인이 복합적으로 얽혀서 나타나.
> • 미래: 지구촌 갈등은 한 나라나 개인의 힘만으로 해결할 수 있어.
> • 준영: 지구촌 갈등은 갈등을 겪는 지역뿐만 아니라 세계 여러 나라에도 영향을 미쳐.

(   )

문화와 종교가 서로 다른 부족들이 하나의 나라로 묶인 나이지리아

나이지리아는 1960년 영국의 식민 지배에서 벗어나게 되었습니다. 하지만 언어, 민족, 종교가 서로 다른 250여 개의 종족들이 서로 협력하지 못하면서 독립한 이후 내전이 일곱 번이나 발생하게 되었습니다. 이로 인해 나이지리아는 세계 12번째의 산유국임에도 불구하고 가난과 부패에서 벗어나지 못하고 불안정한 상태가 지속되고 있습니다.

1 다음 빈칸에 들어갈 말의 뜻을 보고, 알맞은 낱말을 보기 에서 찾아 쓰세요.

> 보기   길목   내전   토착   해협

(1) 배는 _____을 통과하여 대양으로 나갔다.
  └ 육지 사이에 끼어 있는 좁고 긴 바다.

(2) 많은 수의 난민이 _____을 피해 국경을 넘어왔다.
  └ 한 나라 안에서 일어나는 싸움.

(3) 솔이는 외국 여행을 가면 꼭 _____ 음식을 먹어 본다.
  └ 대대로 그 땅에서 살고 있음. 또는 그곳에 들어와 자리를 잡고 삶.

(4) 폭설로 _____의 통행이 막혀 차량들이 꼼짝도 못하고 서 있다.
  └ 길의 중요한 통로가 되는 어귀.

2 다음 문장에 들어갈 말을 바르게 쓴 것에 ○표 하세요.

(1) 나는 그 식당을 찾지 못해 골목에서 (해메고 / 헤매고) 다녔다.
(2) 윤이는 목도리로 얼굴을 (둘러싸고 / 둘러쌓고) 밖으로 나갔다.
(3) ○○시와 △△시는 지하철 노선 유치를 놓고 갈등을 (빚었다 / 빛었다).

3 다음 문장의 밑줄 친 낱말과 비슷한 뜻을 가진 낱말이 쓰인 문장에 ○표 하세요.

(1) 선빈이는 문자 중독증이라 불릴 만큼 독서량이 상당하다.
  ㉠ 그녀는 덩치에 비해 먹는 양이 대단하다.   (   )
  ㉡ 그가 이번 선거에서 당선될 가능성은 희박하다.   (   )

(2) 경보음이 울리자 사람들은 건물 밖으로 피신했다.
  ㉠ 도시의 소음을 피해 조용한 산속 마을에 머물렀다.   (   )
  ㉡ 화재가 났지만 다행히 모든 인원이 안전한 곳으로 대피했다. (   )

24
일차

4장

열대 우림이 사라지고
있어요

정답 확인

하루한장 앱에서
학습 인증하고
하루템을 모으세요!

다음 신문 기사를 읽고, 물음에 답해 봅시다.

미래일보   20○○년 ○○월 ○○일

지도에 없지만 존재하는 섬, '쓰레기 섬'

미국의 하와이주와 캘리포니아주 사이의 태평양에는 지도에도 없는 거대한 '쓰레기 섬'이 있다. 육지 또는 해상에서 버려진 플라스틱, 비닐, 타이어 등의 쓰레기들이 바다를 떠다니다가 한곳에 모이면서 섬과 같은 모양을 하게 되어 이러한 이름이 붙게 된 것이다. 쓰레기 섬의 면적은 약 160만 km²로, 우리나라 영토의 약 14배에 달하는 크기이다.

쓰레기 섬이 일으키는 가장 큰 문제는 해양 생물들이 플라스틱 조각을 먹이로 착각하여 섭취한다는 것이다. 이로 인해 뱃속 가득 플라스틱을 품은 해양 생물들이 죽음을 맞거나 인간의 식탁에도 올라오게 되어 생태계뿐만 아니라 인간의 건강까지 위협하고 있다.

매년 커져 가는 쓰레기 섬 문제를 해결하기 위해 여러 비영리 단체들과 환경 운동가들이 쓰레기를 수거하고 있으며, 기업들도 해양 쓰레기를 재활용하는 방안을 적극적으로 연구하고 있다.

---

1 위 신문 기사에서 알 수 있는 내용이 <u>아닌</u> 것은 어느 것인가요?   (   )

① 쓰레기 섬의 위치   ② 쓰레기 섬의 크기
③ 쓰레기 섬이 처음 발견된 때   ④ 쓰레기 섬이라는 이름이 붙은 까닭
⑤ 쓰레기 섬 문제를 해결하기 위한 노력

2 쓰레기 섬에 대한 설명으로 옳은 것에는 ○표, 옳지 <u>않은</u> 것에는 ×표 하세요.

(1) 해양 생물들이 플라스틱 쓰레기를 섭취하여 문제가 되고 있다.   (   )

(2) 여러 비영리 단체와 환경 운동가들의 노력으로 크기가 작아지고 있다.   (   )

(3) 바다에 버려진 쓰레기들이 떠다니다가 한곳에 모여 만들어지게 되었다.   (   )

(4) 지도를 보면 하와이주와 캘리포니아주 사이의 태평양에 표시되어 있다.   (   )

　　뉴스를 보면 세계 곳곳에서 발생하는 환경 문제에 관한 내용을 자주 접하게 됩니다. 환경 문제란 대기 오염, 수질 오염 등과 같이 자연환경, 생활 환경에 나쁜 영향을 주는 여러 가지 문제들을 말합니다. 인간들은 편리하고 안락한 생활을 위해 자연에서 필요한 것들을 얻습니다. 그런데 이 과정에서 환경을 생각하지 않은 채 필요에 따라 자연을 ❶무분별하게 개발하고 이용하여 환경 문제가 발생하게 되었습니다. 그렇다면 지구촌에서 발생하는 대표적인 환경 문제에는 어떤 것이 있는지 살펴볼까요? (　가　)

　　지구 온난화는 인간 활동으로 대기 중에 배출되는 ❷온실가스의 양이 많아지면서 ❸온실 효과가 과도하게 나타나 지구의 평균 기온이 높아지는 현상을 말합니다. 지구의 연평균 기온은 지난 100년 동안 급격하게 상승하였으며, 이에 따라 빙하가 녹아 해수면이 꾸준히 상승하면서 투발루처럼 바다에 잠기게 될 나라가 생겨나게 되었습니다. 바다 생물의 약 1/4이 살아가는 산호초도 바다 온도의 상승으로 죽어 가고 있습니다. 또한 홍수가 잦아지거나 가뭄과 사막화가 심해지는 등 지구 온난화로 어려움을 겪는 지역이 많아지고 있습니다. (　나　)

　　다양한 생물들의 서식지가 되고 있는 열대 우림의 파괴 문제도 심각합니다. 열대 우림은 사람들의 지나친 ❹벌목과 무분별한 ❺개간으로 인해 빠른 속도로 파괴되어 현재 지구상에 분포하는 열대 우림은 이미 절반 정도가 사라진 상태입니다. 특히 아마존 열대 우림은 지구 산소의 20 %를 생산하여 '지구의 허파'라고도 불리는데, 목축업을 위한 개간으로 파괴되어 울창한 열대 우림과 다양한 생물종이 사라질 위기에 놓여 있습니다. (　다　)

　　인간이 버린 플라스틱 쓰레기가 바다로 떠내려가 해양 생물에게 피해를 입히기도 합니다. 플라스틱은 시간이 지나면서 작은 ❻입자로 부서져 미세 플라스틱이 되는데, 해양 생물들이 이를 먹이로 착각해 섭취하여 장애가 생기거나 죽임을 당하고 있습니다. 또한 이러한 해양 생물을 결국 인간이 섭취하게 되어 환경은 물론 인간의 건강까지 위협받고 있습니다. (　라　)

　　지구촌 곳곳에서 나타나는 환경 문제는 피해 규모가 갈수록 커지고 있으며, 피해 범위도 전 세계로 확대되고 있습니다. 이에 따라 지구촌 환경 문제는 어느 한 지역의 문제가 아니라 지구촌 전체가 힘을 합하여 해결해야 할 문제가 되었습니다. 지구촌의 지속 가능한 미래를 위하여 환경 문제에 관심을 가지고 문제 해결을 위하여 서로 협력하며 적극적으로 참여하려는 자세가 필요합니다. (　마　)

----

❶ 무분별: 바른 생각이나 판단이 없음.
❷ 온실가스: 지구 대기를 오염시켜 온실 효과를 일으키는 이산화 탄소, 메탄 따위의 가스를 이르는 말.
❸ 온실 효과: 온실가스가 온실의 유리와 같이 지구 복사 에너지가 방출되는 것을 방해하여 지구 표면의 온도가 높게 유지되는 현상.
❹ 벌목: 숲의 큰 나무를 잘라내는 것.
❺ 개간: 거친 땅이나 버려 둔 땅을 일구어 논밭이나 쓸모 있는 땅으로 만듦.
❻ 입자: 물질을 구성하는 미세한 크기의 물체.

1 이 글의 중심 내용으로 알맞은 것은 어느 것인가요? ( )

① 환경 문제를 해결한 사례
② 환경 문제가 발생하는 원인
③ 환경 문제를 둘러싼 사회 갈등
④ 지구촌에서 발생하는 여러 환경 문제
⑤ 지구촌 환경 문제 해결을 위한 전 세계의 노력

2 이 글을 내용상 크게 세 부분으로 나눌 때 가장 알맞은 것은 어느 것인가요? ( )

① 1문단 / 2문단, 3문단 / 4문단, 5문단
② 1문단 / 2문단, 3문단, 4문단 / 5문단
③ 1문단, 2문단 / 3문단, 4문단 / 5문단
④ 1문단, 2문단 / 3문단 / 4문단, 5문단
⑤ 1문단, 2문단, 3문단 / 4문단 / 5문단

3 이 글을 읽고 알 수 있는 내용으로 옳은 것에는 ○표, 옳지 <u>않은</u> 것에는 ×표 하세요.

(1) 열대 우림의 파괴로 다양한 생물종이 사라질 위기에 놓여 있다. ( )
(2) 인간이 버린 플라스틱 쓰레기는 해양 생물에게만 피해를 입힌다. ( )
(3) 환경 문제는 인간이 자연을 무분별하게 개발하고 이용하여 발생하게 되었다. ( )
(4) 지구 온난화는 온실가스의 양이 감소하여 지구의 평균 기온이 높아지는 현상을 말한다.

( )

4 지구 온난화의 영향으로 나타나는 문제점이 <u>아닌</u> 것은 어느 것인가요? ( )

① 홍수가 잦아지고 있다.
② 사막화가 심해지고 있다.
③ 빙하가 녹아 해수면이 낮아지고 있다.
④ 바다에 잠기게 될 나라가 생기고 있다.
⑤ 바다 온도의 상승으로 산호초가 죽어 가고 있다.

5 다음 빈칸에 들어갈 알맞은 말을 이 글에서 찾아 쓰세요.

아마존 열대 우림은 지구 산소의 20 %를 생산하여 '(   )'(이)라고도 불린다.

6 다음 내용이 들어가기에 알맞은 곳은 (가)~(마) 중 어디인가요? (   )

최근에는 라면, 과자 등을 만드는 데 사용되는 팜유의 수요 증가로 인도네시아와 말레이시아의 열대 우림이 사라지고 그 자리를 팜나무가 대신하고 있습니다. 삼림이 사라지면서 그 안에 살던 호랑이, 오랑우탄 등은 살 곳을 잃고 멸종해 가고 있습니다.

① (가)   ② (나)   ③ (다)   ④ (라)   ⑤ (마)

7 지구촌의 환경 문제에 대해 <u>잘못</u> 말한 사람의 이름을 쓰세요.

- 현지: 피해 규모가 갈수록 커지고 있어요.
- 시환: 피해 범위도 전 세계로 확대되고 있는 추세예요.
- 윤영: 문제가 더 커지기 전에 해당 지역에서 책임지고 해결해야 해요.
- 기현: 지구촌의 지속 가능한 미래를 위하여 우리 모두의 노력이 필요해요.

(   )

제로 웨이스트 챌린지(Zero Waste Challenge)
'제로 웨이스트 챌린지'는 환경을 보호하기 위하여 쓰레기 배출을 '0(제로)'에 가깝게 최소화하자는 캠페인입니다. 개개인이 일상생활에서 쓰레기를 줄인 사례 또는 자신만의 쓰레기 줄이는 방법 등을 인터넷과 누리 소통망 서비스(SNS)에 공유하는 방식으로 이루어지고 있습니다. 이를 통해 많은 사람들이 제로 웨이스트의 삶에 가까워지기 위해 노력하고 있음을 알 수 있습니다.

1 다음 밑줄 친 낱말의 뜻을 보기 에서 찾아 기호를 쓰세요.

> 보기
> ㉠ 숲의 큰 나무를 잘라내는 것.
> ㉡ 물질을 구성하는 미세한 크기의 물체.
> ㉢ 거친 땅이나 버려 둔 땅을 일구어 논밭이나 쓸모 있는 땅으로 만듦.

(1) 산지를 개간하여 농경지로 이용하였다. ( )

(2) 무분별한 벌목으로 열대 우림이 파괴되었다. ( )

(3) 할머니가 주신 고춧가루는 입자가 매우 곱다. ( )

2 다음 문장에 들어갈 알맞은 낱말을 골라 ○표 하세요.

(1) ⎰ 아름다운 바이올린 소리에 (섭취 / 심취)하였다.
　　⎱ 영양분을 골고루 (섭취 / 심취)하기 위해 식단을 짰다.

(2) ⎰ 그는 (압사 / 익사)할 뻔한 기억 때문에 바다를 좋아하지 않는다.
　　⎱ 붕괴된 건물 속에서 몇 사람이 (압사 / 익사) 직전에 구출되었다.

3 다음 문장에서 '잠기다'가 어떤 뜻으로 사용되었는지 번호를 쓰세요.

> 잠기다
> ① 물속에 물체가 넣어지거나 가라앉게 되다.
> ② 어떤 한 가지 일이나 생각에 열중하다.
> ③ 어떤 기분 상태에 놓이게 되다.
> ④ 어떤 현상에 휩싸이다.

(1) 지난번 장마로 밭이 물에 잠겼다. ( )

(2) 통화를 마친 민준이는 슬픔에 잠겼다. ( )

(3) 정전이 되어 온 동네가 어둠에 잠겼다. ( )

(4) 수지는 책을 읽고 난 후 생각에 잠겼다. ( )

매체 독해 다음 자료를 보고, 물음에 답해 봅시다.

지구촌 평화를 지키는 비정부 기구

국제 앰네스티	세계 자연 기금	세이브 더 칠드런

국제 앰네스티

- **로고의 의미**: 철조망에 싸인 촛불은 억압 속에서도 꺼지지 않는 희망을 뜻합니다.
- **주요 활동**: 고문과 사형 제도에 반대하며 인권 보호 활동을 합니다.

세계 자연 기금

- **로고의 의미**: 멸종 위기 동물인 판다의 모습으로, 동물과 환경 보호를 나타냅니다.
- **주요 활동**: 다양한 야생 동물과 환경을 보호하기 위한 활동을 합니다.

세이브 더 칠드런

- **로고의 의미**: 활동적인 어린이의 모습으로, 어린이의 꿈과 희망을 나타냅니다.
- **주요 활동**: 아동의 권리 실현을 위해 아동의 생존과 보호를 돕습니다.

1 비정부 기구에 대한 설명으로 옳은 것에는 ○표, 옳지 <u>않은</u> 것에는 ×표 하세요.

(1) 국제 앰네스티는 고문과 사형 제도에 반대하며 인권 보호 활동을 한다.　　　（　　　）

(2) 세계 자연 기금은 멸종 위기 동물인 판다를 보호하고 연구하는 단체이다.　（　　　）

(3) 세이브 더 칠드런은 아동 권리 실현을 위해 아동의 생존과 보호를 돕는다.　（　　　）

2 다음 비정부 기구의 로고에 그려진 모습을 알맞게 선으로 이어 보세요.

(1) 국제 앰네스티　•　　　•　㉠ 활동적인 어린이의 모습

(2) 세계 자연 기금　•　　　•　㉡ 멸종 위기 동물인 판다의 모습

(3) 세이브 더 칠드런　•　　　•　㉢ 철조망이 촛불을 감싸고 있는 모습

지구촌에서 일어나는 여러 가지 갈등은 한 나라나 개인의 힘만으로는 해결하기 어렵습니다. 이에 세계 여러 나라는 서로 협력하여 지구촌 갈등을 해결하기 위한 국제기구를 만들었습니다. 대표적인 국제기구로 1945년에 설립된 국제 연합(UN)은 제1, 2차 세계 대전으로 전쟁에 참여한 나라들이 큰 피해를 입은 상황에서 국제 평화와 안전을 위한 ❶범세계적 기구의 필요성이 ❷대두되면서 만들어졌습니다. 국제 연합은 지구촌의 평화 유지, 전쟁 방지, 국제 협력 활동을 주로 하고 있습니다.

국제 연합에는 유니세프(unicef), 유엔 난민 기구(UNHCR), 유네스코(UNESCO), 국제 원자력 기구(IAEA) 등 다양한 전문 기구들이 속해 있습니다. 이들은 국제 연합의 전문 ❸산하 기구로서 여러 분야에서 일어나는 문제들을 해결하기 위하여 활동하고 있습니다. 유니세프는 국적, 인종, 종교, 성별에 상관없이 어려움에 처한 전 세계의 어린이를 지원하고 구조합니다. 유엔 난민 기구는 전쟁과 박해 등으로 살 곳을 잃은 전 세계 난민의 인권과 복지를 지키고 있습니다. 유네스코는 교육, 과학, 문화 분야 등에서 다양한 국제 교류를 하며 보호해야 할 가치가 있다고 인정되는 자연, 사물, 문화와 같은 세계 유산을 지키는 일을 합니다. 마지막으로 국제 원자력 기구는 원자력 에너지를 평화적이고 안전한 방법으로 이용할 수 있도록 노력하고 있습니다.

국제기구뿐만 아니라 여러 비정부 기구(NGO)에서도 지구촌 갈등을 해결하기 위하여 활발하게 활동하고 있습니다. 비정부 기구는 지역, 국가, 종교에 상관없이 만들어진 ❹자발적 조직으로, 뜻이 같은 개인들이 모여 지구촌의 평화와 발전을 이룰 수 있도록 노력합니다. 이들은 인권과 환경 보호, 빈곤 ❺퇴치, 성 평등 등을 목적으로 공공성을 가진 활동을 합니다. 또한 국제기구나 다른 비정부 기구와 협력해 국가 간의 이해관계를 넘는 활동을 하며 지구촌 갈등 해결에 큰 역할을 하고 있습니다.

그렇다면 비정부 기구에는 어떤 것들이 있을까요? 그린피스는 가장 널리 알려진 환경 보호 단체로, 지구 환경을 지키기 위해 핵 실험 반대, 자연 보호 운동 등을 진행하고 있습니다. 국경 없는 의사회는 의료 지원을 받지 못하거나 전쟁, 질병, 자연재해 등으로 고통받는 사람들을 돕고자 설립되었습니다. 모든 사람들이 편안한 집에서 살 수 있도록 돕는 해비타트도 있습니다. 이들은 가난한 지역과 전쟁, 자연재해 등으로 삶의 터전을 잃은 사람들에게 집을 지어 주고 있습니다. 이 밖에도 아동의 생존과 보호를 돕는 세이브 더 칠드런, 지뢰의 위험성을 알리고 희생자들의 인권을 보호하는 지뢰 금지 국제 운동(ICBL) 등이 있습니다.

---

❶ **범세계적:** 널리 온 세계에 다 관계되는 것.
❷ **대두되다:** 어떤 세력이나 현상이 새롭게 나타나게 되다.
❸ **산하:** 어떤 조직체나 세력의 범위 아래.
❹ **자발적:** 남이 시키거나 요청하지 않아도 자기 스스로 나아가 행하는 것.
❺ **퇴치:** 물리쳐서 아주 없애 버림.

1 다음 빈칸에 알맞은 낱말을 넣어 이 글의 제목을 완성하세요.

지구촌 갈등을 해결하기 위한 (　　　　　　)과/와 (　　　　　　)(NGO)의 노력

2 이 글에서 답을 알 수 <u>없는</u> 질문은 어느 것인가요? (　　　)

① 국제 연합은 언제 설립되었나요?
② 유니세프가 하는 일은 무엇인가요?
③ 국경 없는 의사회는 어떤 활동을 하고 있나요?
④ 국제기구와 비정부 기구는 어떤 차이가 있나요?
⑤ 우리나라는 지구촌 평화를 위하여 어떤 노력을 하고 있나요?

3 국제 연합(UN)이 만들어진 까닭으로 알맞은 것은 어느 것인가요? (　　　)

① 전 세계의 정치와 경제를 통합하기 위해서
② 가난하고 굶주리는 아동을 보호하기 위해서
③ 지역적으로 가까운 곳끼리 상호 협력하기 위해서
④ 국제 평화와 안전을 위한 범세계적 기구가 필요해서
⑤ 정치적 문제를 해결하고 경제적 이익을 얻기 위해서

4 국제 연합(UN)의 전문 산하 기구가 <u>아닌</u> 것은 어느 것인가요? (　　　)

① 유니세프(unicef)
② 유네스코(UNESCO)
③ 국제 원자력 기구(IAEA)
④ 유엔 난민 기구(UNHCR)
⑤ 지뢰 금지 국제 운동(ICBL)

5 비정부 기구(NGO)에 대한 설명으로 알맞은 것은 어느 것인가요? (정답 2개) （　　　　　）

① 국가의 이익을 위하여 활동한다.

② 국제 연합의 전문 산하 기구이다.

③ 지역, 국가, 종교에 상관없이 조직된다.

④ 국가 간의 이해관계를 넘는 활동은 하지 않는다.

⑤ 인권과 환경 보호, 빈곤 퇴치, 성 평등 등을 목적으로 활동한다.

6 해비타트에 대해 바르게 설명한 사람의 이름을 쓰세요.

> • 소영: 아동의 생존과 보호를 돕는 활동을 하고 있어.
> • 진하: 의료 지원이 필요한 사람들을 돕고자 설립되었어.
> • 수빈: 핵 실험 반대, 자연 보호 운동 등을 진행하는 환경 보호 단체야.
> • 현경: 가난한 지역이나 삶의 터전을 잃은 사람들에게 집을 지어 주고 있어.

（　　　　　）

7 이 글을 읽고, 다음에서 설명하는 내용을 바르게 이해한 것은 어느 것인가요? （　　　　　）

> 1970년 어빙 스토와 도러시 부부, 짐 볼런과 마리 부부 등 몇몇 사람들이 핵을 사용하면 위험하다는 공동의 의견을 모아 반핵 단체를 만들었다. 이 단체와 같은 의견을 가진 사람들은 이 단체를 토대로 '개인의 평화적 행동이 긍정적인 변화를 이끌어 낼 수 있다.'는 신념으로 1971년 그린피스를 설립하였다.

① 지구촌 갈등을 해결하려면 국제기구가 필요하다.

② 지구촌 갈등은 개인의 힘만으로는 해결하기 어렵다.

③ 비정부 기구는 다른 국제기구나 비정부 기구와 협력하기도 한다.

④ 뜻이 같은 개인들이 모여 지구촌의 문제를 해결하기 위해 비정부 기구를 만들었다.

⑤ 비정부 기구는 정부나 국가와 상관이 없어서 국가 이익과 관계없이 활동할 수 있다.

한국 국제 협력단(KOICA, Korea International Cooperation Agency)

1991년에 설립된 한국 국제 협력단(KOICA)은 우리나라가 지구촌 갈등 지역을 돕기 위하여 만든 전문 기관입니다. 한국 국제 협력단은 다른 나라의 경제·사회 발전을 지원함으로써 국제 협력을 증진하는 것을 목적으로 하고 있습니다. 그리고 이러한 목적을 달성하고자 해외 봉사단 파견, 긴급 구호, 물자 지원, 연수생 초청 등의 다양한 협력 사업을 실시하고 있습니다.

1 다음의 뜻을 가진 낱말을 보기 에서 찾아 쓰세요.

| 보기 | 산하 | 퇴치 | 자발적 |

(1) 물리쳐서 아주 없애 버림. ( )

(2) 어떤 조직체나 세력의 범위 아래. ( )

(3) 남이 시키거나 요청하지 않아도 자기 스스로 나아가 행하는 것. ( )

2 다음 뜻풀이를 보고, 문장에 들어갈 알맞은 낱말을 골라 〇표 하세요.

(1) 저작권 관리가 중요한 문제로 { 대두 / 몰두 } 되었다.
└ 어떤 세력이나 현상이 새롭게 나타남.

(2) 두 기업이 { 담합 / 통합 } 한다고 발표하자 모두 깜짝 놀랐다.
└ 둘 이상의 조직이나 기구 따위를 하나로 합침.

(3) 마을 사람들은 서로 { 주력 / 협력 } 하여 추수를 무사히 마쳤다.
└ 힘을 합하여 서로 도움.

3 보기 를 읽고, 다음 낱말의 뜻으로 알맞은 것을 선으로 이어 보세요.

| 보기 | 범- '그것을 모두 아우르는'의 뜻을 더하는 말. |

(1) 범세계적 •   • ㉠ 태평양 전역에 걸침.

(2) 범시민적 •   • ㉡ 모든 시민이 함께 참여하는 것.

(3) 범태평양 •   • ㉢ 널리 온 세계에 다 관계되는 것.

신나는 퍼즐 퍼즐

끝말잇기 놀이를 하며, **주제5**에서 공부한 용어의 뜻을 다시 한번 떠올려 봐요.

정답 확인

➡ 출발

아래로! ⬇

❶ ❷ 점프! ❸

성공!

❹

❺

힌트

❶ 삼국 시대에, 울릉도 일대를 이르는 말. 예 이사부가 ○○○ 을 신라의 영토로 편입하였다.

❷ 지구촌 갈등을 해결하기 위해 세계 여러 나라가 협력하여 만든 조직.

❸ 우리나라의 동쪽 끝에 있는 섬.

❹ 도둑을 맞는 재난. 예 문화재 ○○ 사건

❺ 전쟁이나 재난 따위를 당하여 곤경에 빠진 사람. 비슷 이재민

❻ 땅의 생긴 모양이나 형세가 군사적으로 아주 중요한 곳.

❼ 인간 활동으로 대기 중에 배출되는 온실가스의 양이 많아지면서 온실 효과가 과도하게 나타나 지구의 평균 기온이 높아지는 현상.

❽ 분쟁이나 전쟁 따위가 일어날 위험이 많은 지역을 비유적으로 이르는 말. 예 팔레스타인 지역은 세계의 ○○○라고 불린다.

❾ 지구촌 갈등을 해결하기 위해 지역, 국가, 종교에 상관없이 뜻이 같은 개인들이 모여 만든 자발적 조직.

쉬어가기!

❻

❾

점프! ❽ ❼

위로! 옆으로! ⬅

하루한장 앱은 이렇게 활용해요!

1 ## 하루한장 앱 설치

먼저 교재 표지의 QR 코드를
찍어 하루한장 앱을 설치해요.

2 ## 하루한장 앱 실행

교재를 등록한 후, 매일매일 학습을 끝내고
스마트폰으로 하루한장 앱을 열어요.

3 ## QR 코드 스캔

교재의 정답 확인
QR 코드를 찍어요.

4 ## 학습 인증

학습 완료를 인증하고
하루템을 모아요.

하루템을 모두 모아 골든티켓이 생기면
하루랜드에서 선물로 교환할 수 있어요.

1장 민주주의란 무엇일까요

매체 독해
● 9쪽

★ 어떤 매체 자료일까요?
민주 정치가 시작된 고대 아테네에 관한 인터넷 검색 결과입니다. 고대 아테네와 오늘날의 민주 정치를 비교하여 살펴볼 수 있습니다.

1 ③
2 선빈

1 ③ 직접 민주 정치의 문제점에 대한 내용은 알 수 없습니다.

2 아테네는 오늘날과 달리 직접 민주 정치를 실시하였으며, 여성, 외국인, 노예 등은 정치에 참여할 수 없었습니다.

글 독해
● 10~12쪽

★ 어떤 글일까요?
민주주의의 뜻을 설명하고, 민주주의의 기본 정신과 민주 정치의 기본 원리 4가지를 설명하는 글입니다.

★ 문단 요약

1문단	민주주의의 뜻
2문단	민주주의의 기본 정신
3문단	민주 정치의 기본 원리 ①
4문단	민주 정치의 기본 원리 ②

1 민주주의   **2** ②
3 ①   **4** ②
5 ④   **6** ③
7 ②

1 이 글은 민주주의의 뜻과 기본 정신, 민주 정치의 기본 원리를 설명하고 있습니다.

2 1문단에서는 민주주의의 뜻을, 2문단에서는 민주주의의 기본 정신을 제시하고 있습니다. 이어 3문단과 4문단에서 민주 정치의 기본 원리를 설명하며 글을 마무리하고 있습니다.

3 ① 민주주의라는 말은 고대 그리스어인 데모스(demos, 다수)와 크라토스(kratos, 지배)의 합성어로, '다수에 의한 통치'라는 뜻입니다.

4 빈칸에 공통으로 들어갈 말은 '국민'입니다. 게티즈버그 연설 가운데 '국민의, 국민에 의한, 국민을 위한 정부'라는 말은 민주주의의 의미를 잘 나타내고 있습니다.

5 ④ 외부의 간섭을 받지 않고 스스로 판단하여 행동할 수 있는 자유를 인정받아야 하는 것은 맞지만, 이때 다른 사람의 자유를 침해해서는 안 된다고 하였습니다.

6 ③ 국가의 대표자는 일정한 기준이나 원칙 없이 함부로 헌법을 바꾸어 국가를 운영할 수 없습니다.

7 제시된 헌법 조항은 국회 의원이라는 대표를 선출해 나라를 다스리게 한다는 간접 민주 정치에 대한 내용입니다. 따라서 국민 스스로 국가를 다스려야 한다는 '국민 자치의 원리'에 해당합니다.

하루 어휘
● 13쪽

1 (1) ⓒ (2) ⓒ (3) ㉠
2 (1) 견제 (2) 제정 (3) 분립
3 (1) ④ (2) ③ (3) ① (4) ②

2 (1) '견지'는 '어떤 견해나 입장 따위를 굳게 지니거나 지킴.'의 뜻입니다.

5장 지구를 위해 일하는 사람들

매체 독해
● 137쪽

★ **어떤 매체 자료일까요?**
지구촌의 평화를 지키는 비정부 기구를 소개하는 자료입니다.

1 (1) ○ (2) × (3) ○
2 (1) ㉢ (2) ㉡ (3) ㉠

1 (2) 세계 자연 기금은 판다뿐만 아니라 모든 야생 동물과 환경을 보호하기 위한 활동을 합니다.

2 제시된 자료에서 각 비정부 기구의 로고에 대한 설명을 확인할 수 있습니다.

글 독해
● 138~140쪽

★ **어떤 글일까요?**
지구촌의 갈등을 해결하기 위해 만들어진 국제기구와 비정부 기구에 대해 설명하는 글입니다.

★ **문단 요약**

1문단	대표적인 국제기구, 국제 연합(UN)
2문단	국제 연합의 전문 산하 기구들
3문단	비정부 기구(NGO)
4문단	다양한 분야의 비정부 기구들

1 국제기구, 비정부 기구 **2** ⑤
3 ④ **4** ⑤ **5** ③, ⑤
6 현경 **7** ④

1 이 글은 지구촌에서 발생하는 여러 가지 갈등을 해결하기 위한 국제기구와 비정부 기구의 노력에 대해 설명하였습니다.

2 ⑤ 이 글에서 우리나라가 지구촌 평화를 위하여 어떤 노력을 하는지에 대해 설명하지는 않았습니다.

3 국제 연합은 제1, 2차 세계 대전을 거치면서 국제 평화와 안전을 위한 범세계적 기구의 필요성이 대두되어 만들어졌습니다.

4 ⑤ 지뢰 금지 국제 운동(ICBL)은 지뢰의 위험성을 알리고 희생자들의 인권을 보호하는 비정부 기구입니다.

5 비정부 기구는 지역, 국가, 종교에 상관없이 만들어진 자발적인 조직으로, 국가 간의 이해관계를 넘는 활동을 진행하며 지구촌의 갈등 해결에 큰 역할을 하고 있습니다.

6 해비타트는 가난한 지역이나 삶의 터전을 잃은 사람들에게 집을 지어 주는 비정부 기구입니다.

7 제시된 글은 뜻이 맞는 사람들이 모여 그린피스라는 비정부 기구를 설립하였다는 것을 설명하고 있습니다.

하루 어휘
● 141쪽

1 (1) 퇴치 (2) 산하 (3) 자발적
2 (1) 대두 (2) 통합 (3) 협력
3 (1) ㉢ (2) ㉡ (3) ㉠

신나는 퍼즐 퍼즐
● 142쪽

2장 우리나라 민주주의의 발전

매체 독해
● 14쪽

★ **어떤 매체 자료일까요?**
4·19 혁명, 5·18 민주화 운동, 6월 민주 항쟁과 관련 있는 지역을 탐방할 참가자를 모집하는 현장 탐방 안내문입니다.

1 (1) ○ (2) ○ (3) ×
2 지수

1 (3) 참가 대상을 보면, 초등학교 5~6학년으로 제한하고 있습니다.

2 3·15 부정 선거를 비판하는 시위는 마산에서 시작되었으며, 직선제로 민주 정치를 실현하자며 일어난 6월 민주 항쟁은 1987년에 일어났습니다.

글 독해
● 15~17쪽

★ **어떤 글일까요?**
4·19 혁명, 5·18 민주화 운동, 6월 민주 항쟁을 통해 우리나라 민주주의의 발전 과정을 설명한 글입니다.

★ **문단 요약**

1문단	우리나라 민주주의의 발전
2문단	4·19 혁명
3문단	5·18 민주화 운동
4문단	6월 민주 항쟁
5문단	오늘날 우리 사회에 정착된 민주주의

1 ④ **2** ③ **3** ④
4 ④ **5** (1) ○ (2) × (3) × (4) ○
6 ③, ④ **7** ⑤

1 이 글은 4·19 혁명, 5·18 민주화 운동, 6월 민주 항쟁을 통해 우리나라 민주주의의 발전 과정을 설명하고 있습니다.

2 1문단에서는 우리나라의 민주주의가 어떻게 발전하였는지 간단히 설명하였습니다. 이어 2~4문단에서 4·19 혁명, 5·18 민주화 운동, 6월 민주 항쟁을 통해 민주주의의 발전 과정을 설명하였습니다. 마지막으로 5문단에서 오늘날 시민들의 적극적인 참여로 우리 사회에 민주주의가 정착되었음을 설명하며 글을 마무리하였습니다.

3 ④ 4·19 혁명 이후 시민들은 민주적인 사회로 변화할 것을 기대하였지만, 군인들을 동원해 대통령이 된 박정희의 독재 정치가 이어지게 되었습니다.

4 ㉠ 3·15 부정 선거는 이승만 정부가 정권을 유지하기 위해 한 일이고, ㉢ 신문과 방송을 검열하여 언론을 장악한 것은 전두환 정부 시기의 일입니다.

5 (2) 김주열은 3·15 부정 선거에 반대하는 시위에 참여하였다가 죽은 채로 발견되었습니다. (3) 전두환은 5·18 민주화 운동 이후 간선제로 대통령이 되었습니다.

6 4문단에서 6월 민주 항쟁의 결과 6·29 민주화 선언이 발표되었으며, 대통령 직선제가 시행되었다고 하였습니다.

7 오늘날에는 정치 참여 방식이 적극적이고 평화적인 방식으로 다양해지면서 우리 사회에 민주주의가 정착되었습니다.

하루 어휘
● 18쪽

1 (1) 검열 (2) 독재 (3) 집회
2 (1) ┌ 정착 (2) ┌ 조직 (3) ┌ 시기
　　└ 연착 　　└ 조작 　　└ 시위
3 (1) ㉢ (2) ㉠ (3) ㉡

2 (1) '연착'은 '정하여진 시간보다 늦게 도착함.'의 뜻이고, '정착'은 '일정한 곳에 자리를 잡아 붙박이로 있거나 머물러 삶.'의 뜻입니다.

3장 언제쯤 선거에 참여할 수 있나요

● 19쪽

매체 독해

★ 어떤 매체 자료일까요?

투표 시 무효표가 되지 않도록 주의 사항을 알려 주는 포스터입니다.

1 투표
2 ③

1 제시된 포스터는 선거를 할 때에 투표한 표가 무효표가 되지 않도록 주의 사항을 나타낸 것입니다.

2 ③ 봉투를 봉하여 투표함에 넣는 것은 올바른 투표 방법입니다.

글 독해

● 20~22쪽

★ 어떤 글일까요?

선거의 의미와 선거 연령 하향에 대한 찬성과 반대 의견을 설명하며 선거의 중요성을 강조하는 글입니다.

★ 문단 요약

1문단 선거의 의미

2문단 우리나라의 선거 연령과 선거 연령 하향에 대한 찬성 의견

3문단 선거 연령 하향에 대한 반대 의견

4문단 선거의 중요성과 선거에 참여하는 올바른 자세

1 선거   2 ④
3 (1) ○ (2) ○ (3) × (4) ×
4 ④   5 ⑤   6 다은
7 ④

1 1문단에서 선거의 의미를 설명하고 있습니다.

---

2 ①과 ③은 2문단에서, ②는 4문단에서, ⑤는 3문단에서 설명하고 있습니다. ④ 만 18세가 되면 납세와 병역의 의무를 지게 된다고 하였지만, 이를 지켜야 하는 이유는 나와 있지 않습니다.

3 (3) 2019년까지는 만 19세 이상의 사람들만 선거에 참여할 수 있었습니다. (4) 선거 연령이 낮아지면 참정권을 행사할 수 있는 국민이 늘어납니다.

4 ㉠과 ㉢은 선거 연령을 낮추는 것에 대한 반대의 근거로 제시된 내용입니다.

5 4문단에서 선거권을 행사하지 않는다면 우리의 의사와 무관한 정책이 결정될 수 있다고 하였습니다.

6 후보자가 제시하는 공약들을 꼼꼼히 살핀 후 후보자가 이를 실현할 수 있는 능력을 지녔는지, 실현 가능한 공약인지, 후보자의 도덕성에는 문제가 없는지 등을 판단하여 선거에 참여해야 합니다.

7 ④ 「공직 선거법」의 개정으로 2020년부터 만 18세의 국민은 누구나 선거에 참여할 권리를 가집니다.

하루 어휘

● 23쪽

1 (1) 무관하다 (2) 합당하다 (3) 부여하다
2 (1) ㉠ (2) ㉢ (3) ㉡
3 (1) ④ (2) ② (3) ③ (4) ①

4장 열대 우림이 사라지고 있어요

매체 독해

● 132쪽

★ 어떤 매체 자료일까요?

플라스틱, 비닐, 타이어 등의 쓰레기들이 모여 만들어진 쓰레기 섬의 문제점을 알리는 신문 기사입니다.

1 ③
2 (1) ○ (2) × (3) ○ (4) ×

1 ③ 쓰레기 섬이 언제 처음 발견되었는지는 알 수 없습니다.

2 (2) 쓰레기 섬은 매년 크기가 커져 가고 있다고 하였습니다. (4) 쓰레기 섬은 지도에 표시되어 있지 않습니다.

글 독해

● 133~135쪽

★ 어떤 글일까요?

환경 문제의 뜻과 원인을 설명한 후 다양한 환경 문제의 예를 통해 환경 문제의 심각성을 알려 주고, 환경 문제를 해결하기 위한 바람직한 자세를 강조하는 글입니다.

★ 문단 요약

1문단 환경 문제의 뜻과 원인

2문단 지구촌 환경 문제 ① - 지구 온난화

3문단 지구촌 환경 문제 ② - 열대 우림 파괴

4문단 지구촌 환경 문제 ③ - 해양 오염

5문단 지구촌 환경 문제의 해결을 위한 바람직한 자세

1 ④   2 ②
3 (1) ○ (2) × (3) ○ (4) ×
4 ③   5 지구의 허파
6 ③   7 윤영

1 이 글은 지구촌에서 발생하는 여러 가지 환경 문제에 대해 설명하고 있습니다.

---

2 이 글은 1문단에서 환경 문제의 뜻과 원인을 설명하고, 2~4문단에서 지구촌의 대표적인 환경 문제인 지구 온난화, 열대 우림 파괴, 해양 오염을 제시하여 구체적으로 설명하였습니다. 그리고 5문단에서 지구촌 환경 문제의 해결을 위한 바람직한 자세를 설명하며 글을 마무리하였습니다.

3 (2) 인간이 버린 플라스틱 쓰레기는 해양 생물뿐 아니라 인간의 건강에도 해를 끼칩니다. (4) 지구 온난화는 온실가스의 양이 증가하면서 온실 효과가 과도하게 나타나 지구의 평균 기온이 높아지는 현상을 말합니다.

4 ③ 지구 온난화의 영향으로 빙하가 녹아 해수면이 꾸준히 상승하고 있다고 하였습니다.

5 3문단에서 아마존 열대 우림에 대해 설명하였습니다.

6 팜유 농장의 확대로 열대 우림이 파괴되는 문제를 다룬 내용이므로 열대 우림의 파괴 문제를 다룬 (다)에 들어가는 것이 알맞습니다.

7 지구촌 환경 문제는 어느 한 지역의 문제가 아니라 지구촌 전체가 힘을 합하여 해결해야 합니다.

하루 어휘

● 136쪽

1 (1) ㉢ (2) ㉠ (3) ㉡
2 (1) ⎰ 심취   (2) ⎰ 익사
      ⎱ 섭취   ⎱ 압사
3 (1) ① (2) ③ (3) ④ (4) ②

2 (1) '섭취'는 '생물체가 양분 따위를 몸속에 빨아들이는 일.'의 뜻이고, '심취'는 '어떤 일이나 사람에 깊이 빠져 마음을 빼앗김.'의 뜻입니다. (2) '압사'는 '무거운 것에 눌려 죽음.'의 뜻이고, '익사'는 '물에 빠져 죽음.'의 뜻입니다.

매체 독해 • 127쪽

★ 어떤 매체 자료일까요?
시리아에 사는 모하메드의 누리 소통망 서비스(SNS)입니다. 시리아 내전으로 어린이들이 겪는 피해와 아픔을 살펴볼 수 있습니다.

1 ④, ⑤
2 (1) × (2) × (3) ○ (4) ○

1 모하메드가 시리아에서는 독재 정치와 종교 문제로 내전이 계속되고 있다고 하였습니다.

2 (1) 시마는 전쟁으로 인한 폭격으로 지진이 일어난 것처럼 땅이 흔들린다고 하였습니다. (2) 알리안은 모하메드가 느끼는 감정에 공감하고 있습니다.

글 독해 • 128~130쪽

★ 어떤 글일까요?
지구촌 갈등의 문제점과 원인을 설명하고, 지구촌 갈등의 해결을 위해 필요한 자세를 제시한 글입니다.

★ 문단 요약
1문단	지구촌 갈등의 문제점
2문단	지구촌 갈등 사례 ① - 이스라엘과 팔레스타인의 갈등
3문단	지구촌 갈등 사례 ② - 아부무사 섬 영유권 분쟁
4문단	지구촌 갈등 사례 ③ - 르완다 내전
5문단	지구촌 갈등의 원인과 해결을 위한 자세

1 ①　　**2** ⑤　　**3** ④
4 ④　　**5** ③, ④　　**6** ④
7 현서, 준영

1 이 글은 지구촌에서 발생하는 여러 가지 갈등을 설명하였습니다.

---

2 1문단에서는 지구촌 갈등의 문제점을 설명하였고, 2~4문단에서는 지구촌에서 발생한 갈등을 구체적인 사례를 들어 설명하였습니다. 그리고 5문단에서는 지구촌 갈등의 원인과 해결을 위한 자세를 설명하며 글을 마무리하였습니다.

3 2~4문단에서 지구촌 갈등 사례를 제시하여 지구촌 갈등의 원인을 설명하고 있습니다.

4 ④ 이스라엘과 팔레스타인의 갈등은 지금까지도 계속되고 있다고 하였습니다.

5 ① ⓒ 아부무사 섬은 현재 ⓒ 이란에 속해 있습니다. ② 갈등을 겪고 있는 지역은 ⓒ 이란과 ⓒ 아랍 에미리트입니다. ⑤는 ① 아부무사 섬에 대한 설명입니다.

6 제시된 글은 중국 정부와 소수 민족 간의 갈등을 설명하고 있으므로, 종족 간의 갈등을 다루고 있는 4문단과 갈등의 원인이 비슷합니다.

7 5문단에서 지구촌 갈등은 짧은 시간 안에 해결하기 어렵고, 세계가 힘을 합치고 함께 노력해야 해결할 수 있다고 하였습니다.

하루 어휘 • 131쪽

1 (1) 해협 (2) 내전 (3) 토착 (4) 길목
2 (1) 헤매고 (2) 둘러싸고 (3) 빚었다
3 (1) ① (○) (2) ① ( )
　　ⓒ ( )　　ⓒ (○)

2 (2) '둘러서 감싸다.'의 뜻을 나타낼 때에는 '둘러싸다'라고 쓰고, '둘레를 빙 둘러서 쌓다.'의 뜻을 나타낼 때에는 '둘러쌓다'라고 씁니다.

3 (2) '피신하다'는 '위험을 피하여 몸을 숨기다.'의 뜻이므로 '대피하다'와 바꾸어 쓸 수 있습니다.

매체 독해 • 24쪽

★ 어떤 매체 자료일까요?
선거 공익 광고에 관한 인터넷 신문 기사입니다. 시대별로 선거 공익 광고가 어떻게 변화하였는지 살펴볼 수 있습니다.

1 ①
2 (1) × (2) ○ (3) ○ (4) ×

1 ①은 1987년 6월 민주 항쟁 이후 처음 등장한 선거 공익 광고에서 강조한 내용으로, 1987년의 선거 공익 광고의 슬로건을 통해 '공명선거'라는 것을 알 수 있습니다.

2 (1) 첫 선거 공익 광고는 6월 민주 항쟁 이후 국민의 손으로 대통령을 직접 뽑게 되면서 등장하였다고 하였으며, (4) 슬로건에 '깨끗한 선거'라는 표현을 넣은 것은 1988년과 1995년입니다.

글 독해 • 25~27쪽

★ 어떤 글일까요?
우리나라의 선거일이 수요일인 까닭을 설명하면서 투표 참여의 중요성을 강조하고, 투표율을 높이기 위한 노력을 설명하는 글입니다.

★ 문단 요약
1문단	의무 투표제 국가들의 특징
2문단	투표를 의무화하지 않는 우리나라
3문단	우리나라의 선거일이 수요일인 까닭
4문단	투표 참여의 중요성과 투표율을 높이기 위한 노력

1 ④　　**2** ③
3 브라질, 싱가포르, 오스트레일리아
4 ④　　**5** ③　　**6** ⑤
7 (1) × (2) ○ (3) ○ (4) ×

---

1 이 글은 투표 참여의 중요성을 강조하며 투표율을 높이기 위한 우리나라의 다양한 노력에 대해 설명하고 있습니다.

2 ③ 최근 우리나라의 대통령, 국회 의원 선거의 투표율이 대부분 80 %를 넘지 못하고 낮은 편이라는 내용은 있지만, 구체적인 대통령 선거 투표율의 수치 변화는 알 수 없습니다.

3 1문단에서 오스트레일리아, 벨기에, 그리스, 스위스, 싱가포르, 아르헨티나, 브라질 등의 국가에서 의무 투표제를 시행한다고 하였습니다.

4 ① 의무 투표제를 시행하는 국가들은 대체로 투표율이 높습니다. ⓒ 투표를 의무적으로 강제합니다.

5 3문단에서 다른 요일은 투표일을 포함해서 휴가를 보내려는 사람들로 투표율이 저하될 수 있기 때문에 선거일을 수요일로 정했다고 하였습니다.

6 ⑤ 이 글에서 알 수 없는 내용이며, 실제로 사전 투표를 통해 거주하지 않는 지역에서도 투표할 수 있습니다.

7 (1) 우리나라는 투표를 유권자의 자유에 맡기고 있어 투표를 하지 않는다고 해서 불이익을 받지 않습니다. (4) 의무 투표제 국가에서는 정당한 사유 없이 투표에 참여하지 않을 경우에 법적 제재를 받습니다.

하루 어휘 • 28쪽

1 (1) ① (2) ⓒ (3) ⓒ
2 (1) 강제하다, 강요하다
　　(2) 박탈하다, 빼앗다
　　(3) 독려하다, 격려하다
3 (1) 할인율 (2) 투표율 (3) 출석률
　　(4) 성공률

3 우리말에서 한자음 '률'의 경우 받침이 있는 말 다음에는 '률'로 적고, 'ㄴ' 받침이나 모음 뒤에서는 '율'로 적어야 합니다.

5장 대통령이 없는 나라도 있대요

매체 독해
● 29쪽

★ 어떤 매체 자료일까요?

우리나라 역대 주요 대통령 선거의 투표율을 나타낸 카드 뉴스입니다. 역대 주요 대통령이 누구인지도 살펴볼 수 있습니다.

1 ⑤
2 5

1 ⑤ 제13대 대통령 선거의 투표율은 89.2 %로, 제15대 대통령 선거의 투표율인 80.7 %보다 높습니다.

2 현재 우리나라 대통령의 임기는 5년으로, 중임할 수 없습니다.

글 독해
● 30~32쪽

★ 어떤 글일까요?

오늘날 민주 국가들의 정부 형태인 의원 내각제와 대통령제의 뜻과 특징을 설명하는 글입니다.

★ 문단 요약

1문단	오늘날 민주 국가들의 정부 형태
2문단	의원 내각제의 뜻과 특징
3문단	대통령제의 뜻과 특징
4문단	우리나라 정부 형태의 특징

1 ⑤   2 총리, 국민
3 ②
4 (○)(   )(○)(   )(○)
5 ④   6 ②   7 ③, ④

1 이 글은 의원 내각제와 대통령제의 뜻과 특징을 설명하고 있습니다.

2 2문단과 3문단에서 각각 의원 내각제, 대통령제에 대해 설명하고 있습니다.

3 ② 명목상의 국가 원수가 존재하는 것은 의원 내각제에 대한 설명입니다.

4 2문단에서 영국, 일본, 독일, 캐나다 등이 의원 내각제를 채택하고 있다고 하였습니다.

5 의원 내각제에서는 의회에서 뽑힌 총리가 내각의 최고 책임자가 되기 때문에 입법부와 행정부가 서로 긴밀하게 협조하여 국민의 요구에 적극적으로 대응할 수 있습니다.

6 ⓒ과 ⓒ은 의원 내각제에서 생길 수 있는 단점입니다.

7 헌법 제66조 ④항을 통해 우리나라는 기본적으로 대통령제를 채택하고 있다는 것을 알 수 있고, 제86조 ①항을 통해 국무총리 제도를 두어 의원 내각제의 일부 요소를 채택하고 있다는 것을 알 수 있습니다.

하루 어휘
● 33쪽

1 (1) 선출 (2) 원수 (3) 중임 (4) 명목
2 (1) 강력하다 (2) 대처하다
3 (1) ② (2) ③ (3) ①

2 (2) '대응하다'는 '어떤 일이나 사태에 맞추어 태도나 행동을 취하다.'의 뜻이고, '대처하다'는 '어떤 정세나 사건에 대하여 알맞은 조치를 취하다.'의 뜻이므로 서로 비슷한 뜻을 가지고 있습니다.

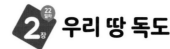

2장 우리 땅 독도

매체 독해
● 122쪽

★ 어떤 매체 자료일까요?

「독도는 우리 땅 30년」의 노래 가사를 통해 독도의 특징을 알 수 있습니다.

1 ②
2 37, 132

1 ② 3절에서 '주민 등록 최종덕 이장 김성도'라는 가사를 통해 독도에 주민 등록을 한 사람과 이장으로 지냈던 사람이 있었다는 것을 알 수 있습니다.

2 2절에 독도는 북위 37°, 동경 132°에 위치한다고 나와 있습니다.

글 독해
● 123~125쪽

★ 어떤 글일까요?

독도에 대한 일본의 영유권 주장에 반박해 독도가 우리나라의 영토임을 근거를 들어 설명하고, 독도의 가치와 중요성에 대해 알리는 글입니다.

★ 문단 요약

1문단	독도의 지리적 특색
2문단	일본의 독도 영유권 주장
3문단	독도가 우리나라의 영토임을 증명하는 근거
4문단	독도의 가치와 중요성

1 독도   2 ②   3 ③
4 유진   5 ②
6 (○)(   )(   )(○)   7 ④

1 이 글은 독도가 우리나라의 영토임을 지리적·역사적·국제법적 근거를 들어 설명하고, 독도의 가치와 중요성에 대해 알리고 있습니다.

2 ①과 ③은 1문단에서, ④는 3문단에서, ⑤는 4문단에서 설명하였습니다. ② 독도를 부르던 옛 이름이 무엇인지는 설명하지 않았습니다.

3 ㉠ 독도는 우리나라의 동쪽 끝에 있는 섬이고, ㉣ 동도와 서도 2개의 큰 섬과 89개의 크고 작은 바위섬으로 이루어져 있습니다.

4 일본은 러일 전쟁 중 독도가 러시아 함대의 움직임을 파악하기 좋은 군사적 요충지라는 사실을 알게 되어 독도를 불법적으로 자국의 영토에 편입시켰습니다.

5 ② 『세종실록지리지』에 독도와 울릉도가 강원도 울진현에 속한 섬이라고 나와 있습니다.

6 4문단에서 독도 주변의 바다는 수산 자원이 풍부하고, 미래 에너지원으로 주목받는 메탄하이드레이트가 매장되어 있어 경제적 가치가 뛰어나다고 하였습니다.

7 제시된 글을 통해 일본의 공공 기관과 민간 기업에서 지도를 제작할 때 독도를 조선의 땅으로 인식하고 있었다는 것을 알 수 있습니다.

하루 어휘
● 126쪽

1 (1) ⓒ (2) ㉠ (3) ⓒ
2 (1) 파악하다, 이해하다 (2) 제외하다, 빼다
   (3) 우기다, 고집하다
3 (1) ② (2) ① (3) ② (4) ①

2 (1) '파악하다'는 '어떤 대상의 내용이나 본질을 확실하게 이해하여 알다.'의 뜻으로, '이해하다'와 비슷한 뜻을 가지고 있습니다.

1장 통일 한국의 미래

매체 독해
● 117쪽

★ 어떤 매체 자료일까요?
남북통일을 위한 다양한 노력을 보여 주는 사진들을 전시한 사진전의 모습입니다.

1 □□□○
2 ④

1 사진전에 전시된 사진은 모두 남북통일을 위한 다양한 노력을 보여 주는 것들입니다.

2 ④ 2018년에 이루어진 남북 정상 회담은 한반도 평화를 위한 남북의 정치적 노력에 해당합니다.

글 독해
● 118~120쪽

★ 어떤 글일까요?
남북 분단의 과정과 분단으로 발생하는 문제점, 통일로 얻을 수 있는 이점을 말하면서 남북통일을 위해 노력해야 한다고 주장하는 글입니다.

★ 문단 요약

1문단	남북 분단의 과정
2문단	남북 분단으로 발생하는 문제점
3문단	통일로 얻을 수 있는 경제적·사회적 이점
4문단	통일로 얻을 수 있는 지리적 이점
5문단	바람직한 남북통일의 방향

1 ③   **2** ③
3 (4)(1)(3)(2)
4 (   )(○)(   )(○)
5 ④   **6** ⑤   **7** 한솔

1 ③ 남북 분단으로 발생하는 문제점에 대해서는 설명하였지만, 통일 후 발생할 수 있는 문제점에 대해서는 설명하지 않았습니다.

2 (다)는 통일로 얻을 수 있는 경제적·사회적 이점을, (라)는 통일로 얻을 수 있는 지리적 이점을 설명하고 있습니다. (다)와 (라) 모두 통일로 얻을 수 있는 이점에 해당하므로 하나로 묶을 수 있습니다.

3 (가)에 우리나라가 남북으로 분단된 과정이 나와 있습니다.

4 (나)에서 남북 분단으로 이산가족이 발생하였고, 한 민족으로서 가져야 할 민족의 동질성이 약화되는 문제가 나타났다고 하였습니다.

5 (다)에서 통일이 되면 군사적 대립으로 생기는 막대한 경제적 비용의 낭비를 줄여 줄 것이라고 하였습니다. 남과 북의 군사력이 합쳐져서 세계적인 군사 강국이 될 것이라는 내용은 나와 있지 않습니다.

6 글쓴이는 통일의 발판을 마련하기 위해 남과 북이 서로 이해하고 신뢰하는 태도를 바탕으로 교류해야 한다고 주장하고 있습니다.

7 제시된 지도를 통해 통일이 되면 우리나라는 해양 진출에 유리한 지리적 이점을 더욱 잘 살릴 수 있을 것이라는 점을 알 수 있습니다.

하루 어휘
● 121쪽

1 (1) 기반 (2) 이질화 (3) 요지 (4) 정전
2 (1) 원활하게 (2) 과도한 (3) 기여한
3 (1) ⓒ (2) ㉠ (3) ㉡

2 (1) '쾌활하다'는 '명랑하고 활발하다.'의 뜻입니다. (2) '과로하다'는 '몸이 고달플 정도로 지나치게 일하다.'의 뜻입니다. (3) '증여하다'는 '물품 따위를 선물로 주다.'의 뜻입니다.

6장 서로 견제하며 일하는 국가 기관들

매체 독해
● 34쪽

★ 어떤 매체 자료일까요?
삼권 분립의 의미와 기능에 관한 수업 장면입니다.

1 국회, 정부, 법원
2 ④

1 삼권 분립은 입법부, 행정부, 사법부가 국가의 일을 나누어 맡아 권력의 균형을 이루는 것을 말합니다.

2 ④ 삼권 분립은 국가 권력을 입법부, 행정부, 사법부로 분리한 것입니다.

글 독해
● 35~37쪽

★ 어떤 글일까요?
권력 분립의 원리, 삼권 분립의 의미와 필요성을 알아보고, 입법부, 행정부, 사법부의 역할과 기능을 설명하는 글입니다.

★ 문단 요약

1문단	권력 분립의 원리
2문단	삼권 분립의 의미
3문단	입법부의 역할과 기능
4문단	행정부의 역할과 기능
5문단	사법부의 역할과 기능

1 삼권 분립   **2** ⑤
3 ②   **4** ④
5 ④   **6** □○□
7 (1) × (2) × (3) ○ (4) ○

1 2문단에서 삼권 분립에 대해 설명하였습니다.

2 1문단에서는 권력 분립의 원리, 2문단에서는 삼권 분립의 의미를 설명하였습니다. 이어 3~5문단에서 각각 입법부, 행정부, 사법부의 역할과 기능을 설명하였습니다.

3 ①은 1문단에서, ③은 3문단에서, ④는 4문단에서, ⑤는 1, 2문단에서 설명하였습니다. ② 사법부의 구성에 대한 내용은 확인할 수 없습니다.

4 삼권 분립은 특정 기관의 권력을 축소하거나 강화하는 것이 아니라, 국가의 권력이 어느 한쪽으로 치우치지 않도록 하는 것입니다.

5 ①, ②는 행정부, ③, ⑤는 입법부, ④는 사법부의 역할입니다.

6 입법부에서는 행정부가 법에 따라 일을 제대로 하고 있는지 감시하는 국정 감사와 국정 조사를 하며 행정부를 견제합니다.

7 (1) 대법원장, 대법관 등은 행정부에서 임명합니다. (2) 행정부는 입법부에서 만든 법을 거부할 수 있는 권리를 가집니다.

하루 어휘
● 38쪽

1 (1) ㉡ (2) ㉠ (3) ㉢
2 (1) 위반할 (2) 임명할 (3) 방지하기
3 (1) ① (2) ② (3) ③

신나는 퍼즐 퍼즐
● 39쪽

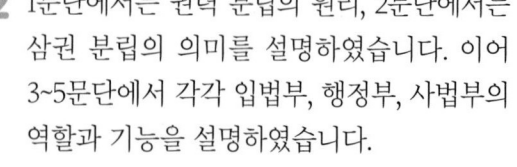

직	접	민	주	정	치		대
	주						통
	주						령
	의		의	원	내	각	제
행		무					
정		투		참			
입	법	부	표	정			
	직	선	제	유	권	자	
	거						

가로 열쇠
❶ 국가 의사의 결정과 집행에 국민이 직접 참여하는 정치. 예 고대 아테네는 모든 시민이 정치에 참여하는 ○○ ○○ ○○을 시행하였다.
❷ 국민이 입법부를 구성하는 의회 의원을 선출하면 의회 다수당의 대표가 총리가 되어 내각을 구성하는 정부 형태.
❸ 국민에게 필요한 법을 만들거나 고치는 역할을 하는 국가 기관. 예 국회, 의회
❹ 국민이 직접 선거를 통하여 대표를 뽑는 선거 제도. 예 대통령 ○○○
❺ 선거할 권리를 가진 사람.

세로 열쇠
❶ 국민이 권력을 가지고 그 권력을 스스로 행사하는 제도 또는 그런 정치를 지향하는 사상.
❷ 투표를 의무적으로 강제하는 제도.
❸ 국민이 직접 선거를 통해 입법부를 구성하고, 대통령을 선출하여 대통령이 행정부를 구성하는 정부 형태.
❹ 법에 따라 나라의 살림을 담당하는 국가 기관.
❺ 국민이 국가의 주인으로서 권리를 행사할 수 있는 가장 기본적인 방법.
❻ 국민이 국정에 직접 또는 간접으로 참여하는 권리. 예 정치권

주제 2 시장과 경제

1장 우리나라도 많이 못 살았던 때가 있었대요

매체 독해
● 41쪽

★ 어떤 매체 자료일까요?

한 나라의 경제 성적표 역할을 하는 국내 총생산(GDP)과 국민 총생산(GNP)을 설명하는 자료입니다.

1 ④
2 (1) △ (2) △ (3) ○

1 ④ 최근에는 나라 간의 경제 교류가 활발해지면서 국내 총생산이 더 중요한 경제 지표로 활용되고 있습니다.

2 (1)과 (2)는 한국인이 외국에서 소득을 얻는 활동으로 우리나라의 국민 총생산에 해당되고, (3)은 외국인이 우리나라에서 소득을 얻는 활동으로 우리나라의 국내 총생산에 해당됩니다.

글 독해
● 42~44쪽

★ 어떤 글일까요?

6·25 전쟁 이후 우리나라의 경제 상황을 순서대로 소개하며 우리나라의 경제가 과거와 비교하여 얼마나 성장하였는지 설명하는 글입니다.

★ 문단 요약

1문단	한강의 기적과 우리나라의 경제 성장
2문단	1960년대의 경제 성장
3문단	1970년대의 경제 성장
4문단	1980~1990년대의 경제 성장
5문단	2000년대의 경제 성장

1 ④　　　　　　**2** ②
3 한강의 기적
4 (1) ○ (2) × (3) ○ (4) ×
5 (1) ㉠ (2) ㉣ (3) ㉢ (4) ㉤
6 첨단, 서비스　　**7** ④

1 이 글은 6·25 전쟁 이후 우리나라의 경제 성장 과정을 설명하고 있습니다.

2 이 글은 우리나라의 경제 성장 과정을 시간이 흐르는 순서에 따라 설명하고 있습니다.

3 1문단에서 '한강의 기적'에 대해 설명하였습니다.

4 (2) 1950년대에 우리나라는 다른 나라의 원조 없이 살기 힘들 정도로 경제가 어려웠습니다. (4) 국내 총생산(GDP) 세계 10위를 차지한 것은 2004년입니다.

5 2문단에서 1960년대, 3문단에서 1970년대, 4문단에서 1980년대와 1990대에 발달한 주요 산업을 설명하고 있습니다.

6 5문단에서 오늘날 우리나라는 첨단 산업과 서비스 산업이 발달하고 있다고 하였습니다.

7 4문단에서 1990년대 후반에 우리나라는 외환 부족으로 경제 위기를 맞이하였다고 하였고, 5문단에서 정부, 기업, 국민의 노력으로 외환 위기에서 벗어났다고 하였으므로 (라)에 들어가는 것이 알맞습니다.

하루 어휘
● 45쪽

1 (1) ㉠ (2) ㉢ (3) ㉣ (4) ㉤
2 (1) ㉠ (　) (2) ㉠ (○)
　　　㉡ (○) 　㉡ (　)
3 (1) ① (2) ② (3) ② (4) ①

2 (1) '양성하다'는 '가르쳐서 유능한 사람을 길러 내다.'의 뜻입니다. (2) '이룩하다'는 '어떤 큰 현상이나 사업 따위를 이루다.'의 뜻입니다.

6장 다양한 삶의 모습을 이해해요

매체 독해
● 110쪽

★ 어떤 매체 자료일까요?

누리 소통망 서비스(SNS) 화면으로 글쓴이가 '세계인의 날' 행사에 다녀온 이야기를 친구들과 나누고 있습니다.

1 ○ ○ ○
2 (1) × (2) ○ (3) ×

1 글쓴이는 세계 여러 나라의 전통 음악 공연 보기, 전통 음식 맛보기, 전통 의상 입어 보기, 전통 놀이 체험하기 등을 하였습니다.

2 (1) 킬트는 스코틀랜드의 남자들이 입는 치마이고, (3) 하네츠키는 일본의 전통 놀이입니다.

글 독해
● 111~113쪽

★ 어떤 글일까요?

지역마다 문화가 다양하게 나타나는 까닭을 자연환경, 경제적·사회적 관점에서 설명하고, 문화 차이로 인한 갈등과 해결 노력에 대해 말하였습니다.

★ 문단 요약

1문단	세계의 다양한 문화
2문단	자연환경에 따라 달라지는 문화
3문단	경제적·사회적 환경에 따라 달라지는 문화
4문단	문화 차이로 인한 갈등과 해결 노력

1 문화 지역　　**2** ②, ④
3 (○)(○)(　)(　)　**4** ②
5 ⑤　　　　　**6** 다예　　**7** ②

1 1문단에서 문화 지역의 의미를 설명하고 있습니다.

2 문화 지역은 고정된 것이 아니며, 오늘날에는 서로 다른 문화를 가진 사람들이 공존하는 지역이 더욱 증가하고 있습니다.

3 1문단에서 우리나라는 한자 문화 지역과 한복 문화 지역에 속한다고 하였습니다.

4 ②는 종교에 따른 문화 차이를 나타낸 사례입니다.

5 '두드러지다'는 '겉으로 드러나서 뚜렷하다.'의 뜻이고, '적당하다'는 '정도에 알맞다.'의 뜻입니다.

6 지역마다 자연환경, 경제적·사회적 환경이 달라서 문화가 다양하게 나타납니다.

7 문화 상대주의의 관점에서 상대방의 문화를 이해하고 존중하는 태도를 갖는 것이 중요합니다.

하루 어휘
● 114쪽

1 (1) ㉠ (2) ㉢ (3) ㉡
2 (1) 극복하다, 뛰어넘다
　　(2) 넉넉하다, 충분하다
　　(3) 교류하다, 주고받다
3 (1) ① (2) ② (3) ① (4) ②

신나는 퍼즐·퍼즐
● 115쪽

산	잉	오	아	시	스	젓	초	원
지	카	레	수	가	끼	리	가	구
문	인	나	저	고	상	가	옥	락
화	안	데	트	교	대	수	문	명
권	상	한	크	리	스	트	교	사
포	춘	알	파	기	건	파	막
카	기	자	한	후	히	메	카	기
리	후	열	대	기	후	론	츄	후

힌트

❶ 우리나라와 중국, 일본 사람들이 음식을 집어 먹을 때 공통으로 사용하는 식사 도구.
❷ 공통적인 기후 특성에 따라 구분한 지대. 예 ○○○는 대체로 위도에 평행하게 나타난다.
❸ 가옥이 지면 위에 지어지지 않고, 지면으로부터 떨어져 있는 집.
❹ 연 강수량이 250 mm 미만으로, 강수량이 적어 식물이 거의 생육할 수 없는 기후.
❺ 사막 가운데에 샘이 솟고 풀과 나무가 자라는 곳.
❻ 다른 지역에 있는 물을 끌어오기 위해 만든 인위적 지하 관개 수로.
❼ 일 년 내내 우리나라의 봄과 같은 날씨가 나타나는 열대 고산 기후를 달리 부르는 말.
❽ 하느님을 유일한 신으로 섬기고 그의 아들 예수를 구원자로 믿는 종교. 비교 기독교
❾ 이슬람교의 창시자인 무함마드가 태어난 곳으로 이슬람교 최고의 성지.
❿ 공통된 특징을 보이는 어떤 문화가 지리적으로 분포하는 범위. 예 우리나라와 중국, 일본은 한자 ○○○에 속한다.

종교와 의식주 문화

매체 독해
● 105쪽

★ 어떤 매체 자료일까요?
이슬람 여성의 의복 문화를 나타낸 자료로, 의복별 형태와 특징을 알 수 있습니다.

1 이슬람교
2 (1) × (2) ○ (3) ○ (4) ×

1 히잡, 니캅, 부르카, 차도르는 이슬람교를 믿는 여성이 착용하는 베일입니다.

2 (1) 히잡은 얼굴만 내어놓는 두건의 형태입니다. (4) 니캅은 눈을 제외한 얼굴 전체를 가리는 것이 특징입니다.

글 독해
● 106~108쪽

★ 어떤 글일까요?
세계의 종교 인구 구성과 종교가 미치는 영향을 설명한 뒤, 세계 주요 종교의 특징을 종교별로 소개한 글입니다.

★ 문단 요약

1문단	세계의 종교 인구 구성과 종교가 미치는 영향
2문단	크리스트교와 유대교의 특징
3문단	이슬람교의 특징
4문단	힌두교의 특징
5문단	불교의 특징

1 종교   **2** ⑤   **3** ③
4 (1) ○ (2) × (3) × (4) ○
5 ④   **6** ④   **7** ⑤

1 이 글은 세계의 종교 인구 구성과 종교가 미치는 영향을 설명한 뒤, 세계 주요 종교의 특징을 소개하였습니다.

2 1문단에서 세계의 종교 인구 구성과 종교가 인간 생활에 미치는 영향에 대해 언급한 뒤, 2문단에서 크리스트교와 유대교, 3문단에서 이슬람교, 4문단에서 힌두교, 5문단에서 불교의 특징을 구체적으로 설명하였습니다.

3 ①은 3문단에서, ②와 ④는 2문단에서, ⑤는 5문단에서 설명하였습니다. ③ 힌두교를 창시한 사람이 누구인지에 대한 내용은 나와 있지 않습니다.

4 (2) 유대교와 이슬람교 신자들이 먹지 않는 것은 돼지고기입니다. (3) 이슬람교는 무함마드가 창시하였습니다.

5 ㉠ 힌두교는 수많은 신을 섬기는 다신교입니다. ㉢ 힌두교 신자들은 소를 신성시하여 쇠고기를 먹지 않습니다.

6 종교적인 계율에 따라 여성들이 올림픽에서 히잡을 썼다는 내용을 통해 베일로 얼굴을 가리고 생활하는 문화가 있는 이슬람교와 관련 있는 내용임을 알 수 있습니다.

7 1문단의 내용을 통해 여러 종교 중 신자가 가장 많은 종교는 크리스트교임을 알 수 있습니다. ①과 ④는 유대교, ②는 불교, ③은 이슬람교의 문화입니다.

하루 어휘
● 109쪽

1 (1) ㉢ (2) ㉠ (3) ㉡
2 (1) 신앙 (2) 통치 (3) 경관 (4) 전파
3 (1) ① (2) ③ (3) ②

다양한 형태의 시장

매체 독해
● 46쪽

★ 어떤 매체 자료일까요?
시장에 대해 검색한 결과입니다. 시장의 의미를 알아보고, 시장과 관련된 다양한 이미지를 볼 수 있습니다.

1 ③
2 (   ) (○) (   ) (   )

1 ③ 재화와 서비스가 거래되는 시장은 생산물 시장입니다.

2 백화점, 대형 할인점, 수산물 시장은 모두 거래 모습이 눈에 보이는 구체적 시장이고, 주식 시장은 눈에 보이지 않는 추상적 시장입니다.

글 독해
● 47~49쪽

★ 어떤 글일까요?
시장을 여러 가지 기준에 따라 다양하게 분류하며 오늘날 확대된 시장의 의미를 설명하는 글입니다.

★ 문단 요약

1문단	시장의 의미
2문단	구체적 시장과 추상적 시장
3문단	생산물 시장과 생산 요소 시장
4문단	여러 가지 시장과 확대된 시장의 의미

1 시장   **2** ②
3 분업, 교환   **4** ①
5 ㉠ 생산 요소 시장 ㉡ 생산물 시장
6 (1) × (2) ○ (3) × (4) ○
7 ③

1 이 글은 여러 가지 기준에 따른 다양한 형태의 시장을 설명하고 있습니다.

2 ② 이 글은 시장의 의미와 종류에 대해 설명하였으나 시장을 통해 얻을 수 있는 이득에 대해서는 설명하지 않았습니다.

3 1문단에서 시장이 등장하게 된 배경을 설명하고 있습니다.

4 2문단에서 추상적 시장은 구체적 장소가 존재하지 않으며 거래 모습이 눈에 보이지 않는 시장이라고 하였습니다. ㉢, ㉣은 구체적 시장에서 거래한 모습입니다.

5 ㉠은 생산 요소인 노동, 토지, 자본 등이 거래되며, 가계가 공급자, 기업이 수요자인 것으로 보아 생산 요소 시장이라는 것을 알 수 있습니다. ㉡은 재화와 서비스가 거래되며, 기업이 공급자, 가계가 수요자인 것으로 보아 생산물 시장이라는 것을 알 수 있습니다.

6 (1) 한 종류의 물건만 모아서 파는 전문 시장도 있습니다. (3) 구체적 장소가 존재하지 않으며 거래 모습이 눈에 보이지 않는 추상적 시장도 있습니다.

7 (가)는 구체적 시장이면서 여러 가지 재화를 살 수 있는 생산물 시장에 해당됩니다. (나)는 인터넷을 통해 온라인으로 거래하는 추상적 시장이면서 컴퓨터라는 재화를 살 수 있는 생산물 시장에 해당됩니다.

하루 어휘
● 50쪽

1 (1) 상설 (2) 개설 (3) 자본 (4) 분업
2 (1) 대가 (2) 볏짚 (3) 땔감
3 (1) ㉢ (2) ㉠ (3) ㉡

2 (1) '대가(代價)'는 한자어와 한자어로 이루어진 합성어이기 때문에 사이시옷이 들어가지 않습니다. '한자어+한자어' 구성이더라도 '곳간, 셋방, 숫자, 찻간, 툇간, 횟수'에는 예외적으로 사이시옷이 들어갑니다.

3장 둘 다 잘하면 무엇을 해야 할까요

매체 독해
●51쪽

★ 어떤 매체 자료일까요?
고려 시대의 무역을 보여 주는 자료입니다. 고려의 무역 상대국, 대표 무역항, 주요 수출품과 수입품을 살펴볼 수 있습니다.

1 벽란도, 무역
2 (1) × (2) ○ (3) × (4) ○

1 고려의 대표적인 무역항인 벽란도는 아라비아 상인들까지 왕래하는 국제 무역항으로 번성하였습니다.

2 (1) 은, 모피, 말은 거란으로부터 수입한 품목입니다. (3) 곡식, 인삼, 서적은 고려가 일본에 수출한 품목입니다.

글 독해
●52~54쪽

★ 어떤 글일까요?
절대 우위와 비교 우위를 통해 무역의 원리에 대해 설명하고, 우리나라가 가져야 할 무역 전략에 대해 소개하는 글입니다.

★ 문단 요약

1문단	무역의 의미
2문단	절대 우위의 의미
3문단	절대 우위의 사례
4문단	비교 우위의 의미
5문단	비교 우위의 사례
6문단	우리나라가 가져야 할 무역 전략

1 무역 **2** ③ **3** ④
4 ④ **5** ⑤ **6** 도영

1 이 글은 절대 우위와 비교 우위를 통해 무역이 이루어지는 모습을 설명하고 있습니다.

2 (라)에서 한 나라가 두 상품 생산에서 모두 절대 우위를 가지더라도 무역이 이루어진다고 하였습니다.

3 (다)에서는 A국과 B국의 사례를 들어 절대 우위의 의미를 설명하고 있습니다.

4 ④ 가방 1개를 생산할 때 A국의 기회비용은 휴대 전화 2대, B국의 기회비용은 휴대 전화 3대입니다. 따라서 가방 1개를 생산할 때 드는 기회비용은 A국이 B국보다 작습니다.

5 우리나라가 비교 우위를 가지고 수출하는 상품과 절대 우위를 가지지 못해 수입하는 상품을 설명하는 내용이므로, 우리나라의 수출과 수입의 특징을 설명하는 (바)의 앞에 들어가는 것이 알맞습니다.

6 무역을 통해 경제적 이익을 얻을 수 있으므로 국제 무역을 줄이는 것은 옳지 않습니다. 또한 외화가 낭비되는 것을 막기 위해서는 수입품을 절약하는 것이 좋으며, 비교 우위를 가지는 제품을 수출하는 것이 효율적입니다.

하루 어휘
●55쪽

1 (1) ㉡ (2) ㉢ (3) ㉠
2 (1) 개발 (2) 기회비용 (3) 무역
3 (1) 편리하다, 불편하다 (2) 낭비하다, 절약하다 (3) 생산하다, 소비하다

2 (1) '계발'은 '슬기나 재능, 사상 따위를 일깨워 줌.'의 뜻입니다. (2) '물류비용'은 '상품이 나와서 소비자에게 팔릴 때까지 드는 비용.'의 뜻입니다. (3) '통역'은 '말이 통하지 아니하는 사람 사이에서 뜻이 통하도록 말을 옮겨 줌.'의 뜻입니다.

4장 늘 봄과 같은, 열대 고산 기후

매체 독해
●100쪽

★ 어떤 매체 자료일까요?
인터넷에서 고산 기후에 대해 검색한 결과입니다. 고산 기후의 의미와 분포, 고산 도시의 모습을 살펴볼 수 있습니다.

1 ④
2 해발 고도

1 ④ 아프리카 동부의 에티오피아고원은 열대 고산 기후 지역에 해당합니다.

2 비슷한 위도에 위치한 푸에르토말도나도와 라파스의 기후가 다른 까닭은 라파스가 해발 고도가 높은 곳에서 나타나는 고산 기후 지역이기 때문입니다.

글 독해
●101~103쪽

★ 어떤 글일까요?
고대 문명의 발상지가 고산 지역이었다는 점을 언급하며, 열대 고산 기후의 특징과 고산 도시의 발달, 열대 고산 기후 지역의 생활을 설명한 글입니다.

★ 문단 요약

1문단	고산 지역에 발달한 고대 문명
2문단	열대 고산 기후의 특징
3문단	열대 고산 기후 지역에서 발달한 고산 도시
4문단	열대 고산 기후 지역의 생활

1 ④ **2** ③ **3** ③
4 상춘 기후 **5** ⑤ **6** ⑤
7

1 이 글은 열대 고산 기후 지역에서 발달한 고대 문명과 고산 도시를 소개하고, 이 지역 사람들의 생활을 설명하였습니다.

2 ③ 열대 고산 기후 지역은 기온의 일교차가 크고, 연교차는 작은 편입니다.

3 2문단에서 고산 지역에 아스테카 문명, 잉카 문명과 같은 고대 문명이 발달할 수 있었던 것은 연중 온화한 기후 덕분이라고 하였습니다.

4 2문단에서 열대 고산 기후는 일 년 내내 우리나라의 봄과 같은 날씨가 나타나 상춘 기후라고도 부른다고 하였습니다.

5 3문단에서 에콰도르의 수도 키토, 볼리비아의 수도 라파스, 콜롬비아의 수도 보고타, 멕시코의 수도 멕시코시티는 대표적인 고산 도시라고 하였습니다. ⑤ 캄보디아의 앙코르 와트는 이 글에서 언급되지 않았으며, 열대 기후 지역에 해당합니다.

6 ⑤ 열대 고산 기후 지역은 연중 온화한 기후가 지속되기 때문에 겨울철에 추운 날씨가 나타나지 않습니다.

7 제시된 글은 고산 도시의 문제점을 설명하고 있습니다. 고산 도시는 산소가 희박하여 고산병에 걸릴 위험이 있으므로, 고산 지역인 페루의 마추픽추 유적지로 여행을 가면 고산병에 걸릴 수 있다고 말한 동하가 바르게 이해한 사람입니다.

하루 어휘
●104쪽

1 (1) ㉢ (2) ㉠ (3) ㉡
2 (1) 평탄한 (2) 방목해서 (3) 찬란한
3 (1) ① (2) ② (3) ② (4) ①

2 (2) '접목하다'의 뜻은 '둘 이상의 다른 현상 따위를 알맞게 조화하게 하다.'입니다.

3장 사막에서 살아가는 사람들

17
완자

매체 독해 ● 95쪽

★ 어떤 매체 자료일까요?

건조 기후의 의미와 건조 기후가 나타나는 지역의 특징을 살펴볼 수 있는 자료입니다.

1 ②

2 사막, 스텝

1 ② 건조 기후 지역은 강수량이 부족하여 농업 활동을 하기에 불리하지만, 아예 농업 활동을 할 수 없는 것은 아닙니다.

2 리야드는 연 강수량이 250 mm 미만이므로 사막 기후, 울란바토르는 연 강수량이 250~500 mm로 스텝 기후에 해당합니다.

글 독해 ● 96~98쪽

★ 어떤 글일까요?

사막 기후 지역의 특징과 이곳에 사는 사람들의 생활과 이동 수단, 그리고 사막 기후 지역의 변화를 설명한 글입니다.

★ 문단 요약

1문단	사막 기후 지역의 특징
2문단	사막 기후 지역 사람들의 생활
3문단	사막 기후 지역 사람들의 이동 수단
4문단	사막 기후 지역의 변화

1 사막
2 ③
3 ②
4 진현, 세빈
5 ②
6 오아시스
7 ②

1 이 글은 사막 기후 지역에 사는 사람들이 사막 기후에 적응하여 살아가는 모습을 설명하고 있습니다.

---

2 ①은 1문단에서, ②는 2문단과 4문단에서, ④와 ⑤는 2문단에서 설명하였습니다. ③ 사막 기후의 특징은 설명하였지만, 사막 기후가 주로 분포하는 지역은 설명하지 않았습니다.

3 사막 기후는 연 강수량이 250 mm 미만으로, 강수량이 부족해 나무와 풀이 자라기 힘들다고 하였습니다.

4 2문단에서 사막 기후 지역의 가옥은 벽은 두껍고 창문은 작다고 하였으며, 사막 기후 지역의 사람들은 밀이나 대추야자 등을 먹는다고 하였습니다.

5 사막에서 낙타는 중요한 이동 수단이자 고기와 털, 가죽을 얻을 수 있는 유용한 가축입니다.

6 사막 기후 지역에서는 오아시스를 중심으로 마을이 발달하며, 사람들은 오아시스 주변에서 밀이나 대추야자 등을 재배합니다.

7 제시된 자료는 이란의 카나트에 대한 설명입니다. ⑤ 서남아시아 지역의 발전은 석유 자원의 개발로 이루어졌습니다.

하루 어휘 ● 99쪽

1 (1) ⓒ (2) ㉠ (3) ⓒ
2 (1) ⓒ (2) ㉠ (3) ⓒ (4) ㉠
3 (1) 거주하다, 살다 (2) 견디다, 버티다
　(3) 열악하다, 나쁘다

3 (1) '거주하다'는 '일정한 곳에 머물러 살다.'의 뜻이므로 '살다'와 비슷한 뜻을 가지고 있습니다. (2) '견디다'는 '사람이나 생물이 일정한 기간 동안 어려운 환경에 굴복하거나 죽지 않고 계속해서 버티면서 살아 나가는 상태가 되다.'의 뜻이므로 '버티다'와 비슷한 뜻을 가지고 있습니다.

4장 자동차 한 대 속의 세계

10
완자

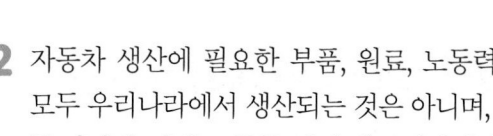

매체 독해 ● 56쪽

★ 어떤 매체 자료일까요?

역내 포괄적 경제 동반자 협정(RCEP)이 체결되었다는 소식을 알리는 뉴스 화면입니다.

1 15, 자유 무역 협정

2 ④

1 역내 포괄적 경제 동반자 협정(RCEP)은 한국·중국·일본 3개국, 동남아시아 국가 연합(ASEAN) 10개국, 호주·뉴질랜드의 총 15개국이 체결한 세계 최대 규모의 자유 무역 협정입니다.

2 ④는 역내 포괄적 경제 동반자 협정(RCEP)의 내용으로 제시되지 않았습니다.

글 독해 ● 57~59쪽

★ 어떤 글일까요?

전 세계가 상호 의존과 경쟁을 통해 경제 교류를 한다는 것을 알려 주고, 경제 교류를 통해 발생하는 문제점과 해결 방안을 설명하는 글입니다.

★ 문단 요약

1문단	자동차 생산으로 본 경제 교류의 모습
2문단	경제 교류 속 상호 의존과 경쟁
3문단	경제 교류를 하면서 생기는 문제점
4문단	경제 교류를 하면서 생기는 문제점의 해결 방안

1 ②
2 ⑤
3 수입, 수출
4 ①
5 ⑤
6 세계 무역 기구
7 ③

1 이 글은 세계 여러 나라가 경제 교류를 하고 있음을 알려 주고, 이로 인해 발생하는 문제점과 해결 방안을 설명하고 있습니다.

---

2 자동차 생산에 필요한 부품, 원료, 노동력은 모두 우리나라에서 생산되는 것은 아니며, 다른 나라와 경제 교류를 통해 만들어집니다.

3 2문단에서 우리나라가 수입하는 것과 수출하는 것에 대해 설명하였습니다.

4 4문단에서 각 나라들이 협력하고 경쟁하면서 성장한다고 하였으므로, 국가 간의 경쟁이 사라져야 하는 것은 아닙니다.

5 3문단에서 경제 교류를 하면서 생기는 문제점에 대해 설명하였습니다.

6 4문단에서 세계 무역 기구에 대해 설명하였습니다.

7 ③은 알 수 없는 내용입니다.

하루 어휘 ● 60쪽

1 (1) 원료 (2) 협정 (3) 공정 (4) 관세

2 (1) ⌜청렴한 (2) ⌜가공하여 (3) ⌜급변하고
　　⌞저렴한　　⌞가열하여　　⌞급감하고

3 (1) ㉠ (2) ⓒ (3) ㉠ (4) ⓒ

신나는 퍼즐 퍼즐 ● 61쪽

후	생	경	수	출	기	회	비	용
경	산	제	국	생	산	요	소	이
공	물	협	금	내	경	제	익	한
업	정	선	은	모	총	특	화	강
종	장	업	주	절	으	생	물	지
관	무	료	누	대	사	기	산	기
세	자	역	리	우	교	류	운	적
금	재	입	지	원	적	시	장	동

힌트

❶ 부피에 비하여 무게가 가벼운 신발, 가발, 의류 등의 물건을 만드는 공업.
❷ 6·25 전쟁 이후 이루어진 우리나라의 눈부신 경제 성장을 독일 라인강의 기적에 견주어 부르는 말.
❸ 일정 기간 한 나라 안에서 생산된 최종 재화와 서비스의 시장 가치를 모두 합한 것.
❹ 시간과 공간을 뛰어넘어 다양한 형태의 생산물과 생산 요소가 거래되는 곳.
❺ 생산 활동에 들어가는 모든 요소 ⓐ ⓐ ⓐ에는 노동, 토지, 자본이 있다.
❻ 나라와 나라 사이에 필요한 물건이나 서비스를 사고파는 일. 圆 ◯◯ 수출입, 교역
❼ 어떤 상품을 생산할 때 다른 나라보다 더 적은 생산 비용으로 생산할 수 있는 것.
❽ 경제 활동에서 어느 한 가지를 선택했기 때문에 포기하게 되는 가치.
❾ 수출·수입되거나 통과되는 화물에 대하여 부과되는 국세의 하나.
❿ 정부가 다른 나라의 정부와 약정을 맺음. 圆 자유 무역 ◯◯(FTA)

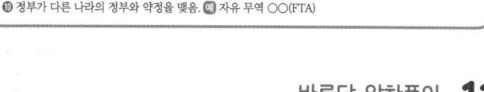

1장 세계의 여러 대륙과 대양

매체 독해   ● 63쪽

★ **어떤 매체 자료일까요?**
세계의 대륙과 대양에 대해 검색한 결과입니다. 대륙과 대양의 의미를 알아보고, 세계의 대륙과 대양의 위치를 확인할 수 있습니다.

1 ⑤
2 (1) ○ (2) × (3) × (4) ○

1 세계의 대륙에는 아시아, 아프리카, 유럽, 오세아니아, 북아메리카, 남아메리카가 있습니다.

2 (2) 북극해와 남극해는 이름에 '해'가 붙지만 대양에 속합니다. (3) 태평양은 아시아, 오세아니아, 북아메리카, 남아메리카 대륙에 둘러싸여 있습니다.

글 독해   ● 64~66쪽

★ **어떤 글일까요?**
대륙과 대양의 의미를 알아보고, 세계의 주요 대륙과 대양의 위치와 범위에 대해 설명하는 글입니다.

★ **문단 요약**

1문단	대륙과 대양의 의미
2문단	세계 주요 대륙의 위치와 범위
3문단	세계 주요 대양의 위치와 범위
4문단	세계의 주요 대양과 대륙의 분류

1 ②, ③   **2** ③
3 ①   **4** 그린란드
5 ②   **6** ②
7 인도양, 남극 대륙

1 이 글은 대륙과 대양의 의미, 세계의 주요 대륙과 대양의 위치와 범위에 대해 설명하고 있습니다.

2 1문단에서는 대륙과 대양의 의미를 제시하고 있습니다. 이어 2문단과 3문단에서 세계 주요 대륙과 대양의 위치와 범위를 설명하고 있으므로, 서로 대등한 관계임을 확인할 수 있습니다. 마지막으로 4문단에서 세계의 주요 대양과 대륙을 어떻게 분류하는지 설명하며 글을 마무리하고 있습니다.

3 ① 지구 면적에서 육지는 약 30 %, 바다는 약 70 %로, 바다가 육지보다 약 2배 이상 큽니다.

4 1문단에 그린란드의 면적이 대륙과 섬을 구분하는 기준이 된다고 나와 있습니다.

5 2문단에서 아시아는 우리나라가 속해 있는 대륙으로, 대륙 중에서 가장 크며 세계 육지 면적의 약 30 %를 차지한다고 하였습니다. ⓒ은 유럽, ⓔ은 북아메리카 대륙에 대한 설명입니다.

6 ①은 태평양, ③은 인도양, ④는 남극해, ⑤는 북극해에 대한 설명입니다.

7 4문단에서 세계의 주요 대양과 대륙을 어떻게 분류하는지 설명하고 있습니다.

하루 어휘   ● 67쪽

1 (1) ⓒ (2) ⓐ (3) ⓑ
2 (1) 적도 (2) 북반구 (3) 남반구
3 (1) ① (2) ② (3) ② (4) ①

2장 집을 보면 기후가 보여요

매체 독해   ● 90쪽

★ **어떤 매체 자료일까요?**
기후 변화로 달라진 가옥의 형태에 대한 신문 기사입니다. 지구 온난화로 네덜란드의 가옥 형태가 어떻게 변화하였는지 알 수 있습니다.

1 (1) × (2) ○ (3) ○ (4) ×
2 ③

1 (1) 지구 온난화로 지구의 평균 기온은 높아지고 있으며, (4) 에이뷔르흐 마을은 물에 뜨는 거대한 콘크리트 구조물 위에 지어졌습니다.

2 에이뷔르흐 마을이 물에 뜨는 구조물 위에 지어진 도시라는 내용을 통해 '바다 따위의 물 위에 건설한 도시'를 뜻하는 '수상 도시'라는 것을 알 수 있습니다.

글 독해   ● 91~93쪽

★ **어떤 글일까요?**
기후의 특성이 가옥의 구조와 형태에 미친 영향을 기후대별로 구분하여 설명한 글입니다.

★ **문단 요약**

1문단	기후 특성을 반영한 가옥
2문단	열대 기후 지역의 가옥
3문단	온대 기후 지역의 가옥
4문단	건조 기후 지역의 가옥
5문단	냉·한대 기후 지역의 가옥

1 가옥(집)   **2** ④
3 ③, ④   **4** ③
5 ②   **6** ⑤
7 ④

1 이 글은 기후의 특성에 따라 가옥의 구조와 형태가 어떻게 달라지는지 설명하고 있습니다.

2 이 글은 기후의 특성이 가옥의 구조와 형태에 미친 영향을 기후대별로 나누어 설명하고 있습니다.

3 2문단에서 열대 기후 지역에서는 지면의 열기와 습기를 피하고 해충이나 짐승 등의 침입을 방지하기 위하여 고상 가옥이나 수상 가옥을 주로 짓는다고 하였습니다.

4 우리나라의 전통 가옥은 기온의 연교차가 큰 기후를 반영하여 대청과 온돌을 설치했다고 하였습니다.

5 ② 여름철에 덥고 건조한 지중해 연안에서는 가옥의 벽면을 하얗게 칠하거나, 벽을 두껍게 하여 외부의 열을 차단한 가옥을 주로 볼 수 있습니다.

6 제시된 글은 눈이 많이 오는 지역에서 볼 수 있는 가옥에 대한 설명으로, 한대 기후 지역의 고상 가옥에 대한 내용과 연결되는 (마)의 자리가 알맞습니다.

7 여름철에 덥고 건조한 지중해 연안에서는 외부의 열을 차단하기 위하여 벽을 두껍게 만들고, 냉·한대 기후 지역에서는 찬바람을 막기 위하여 벽을 두껍게 만듭니다.

하루 어휘   ● 94쪽

1 (1) 통풍 (2) 연안 (3) 유목 (4) 반사
2 (1) 차단하다 (2) 조립하다 (3) 분해하다
3 (1) 무너지다 (2) 준비하지

3 (2) '갖추다'는 '있어야 할 것을 가지거나 차리다.'의 뜻이므로 '준비하다'와 비슷한 뜻을 가지고 있습니다. '간추리다'는 '글 따위에서 중요한 점만을 골라 간략하게 정리하다.'의 뜻이고, '정비하다'는 '흐트러진 체계를 정리하여 제대로 갖추다.'의 뜻입니다.

주제4 세계 여러 지역의 삶의 모습

1장 비슷하지만 다른 세 나라

매체 독해 ●85쪽

★ 어떤 매체 자료일까요?
우리나라의 사자놀이와 중국과 일본의 사자춤에서 나타나는 공통점과 차이점을 알 수 있는 자료입니다.

1 대보름날
2 ③

1 우리나라의 사자놀이는 대보름날(음력 1월 15일)에 사자탈을 쓰고 하는 민속놀이라고 하였습니다.

2 우리나라의 사자놀이와 중국, 일본의 사자춤에는 사자의 힘을 빌려 잡귀를 쫓는 동시에 복을 비는 마음이 공통적으로 담겨 있습니다.

글 독해 ●86~88쪽

★ 어떤 글일까요?
우리나라, 중국, 일본의 문화에서 비슷한 점을 설명하고, 비슷하면서도 각 나라마다 차이가 있다는 점을 알려 주는 글입니다.

★ 문단 요약

1문단	우리나라, 중국, 일본의 비슷하지만 다른 문화
2문단	우리나라, 중국, 일본의 젓가락 사용 문화
3문단	우리나라, 중국, 일본의 한자 문화
4문단	우리나라, 중국, 일본의 유교 문화와 불교문화

1 ③   **2** ③   **3** ②
4 (1) 우리나라 (2) 일본 (3) 중국
5 유교   **6** ②
7 지민, 마루

1 이 글은 우리나라, 중국, 일본의 문화에서 비슷한 점을 설명하고, 비슷하면서도 각 나라마다 차이가 있다는 점을 이야기하고 있습니다.

2 3문단에서 한자는 아주 오래전에 중국에서 우리나라와 일본에 전해졌다고 하였지만, 정확히 언제 전해졌는지는 나와 있지 않습니다.

3 ⓒ 가나 문자를 사용하는 나라는 일본입니다. ㉣ 둥글고 큰 식탁에 둘러앉아 음식을 한가운데 놓고 덜어 먹는 나라는 중국입니다.

4 2문단에 우리나라는 금속 젓가락, 일본은 나무로 만든 끝이 뾰족한 젓가락, 중국은 길이가 길고 끝이 뭉툭한 젓가락을 사용한다고 나와 있습니다.

5 4문단에서 우리나라, 중국, 일본은 웃어른을 공경하는 유교 문화의 영향을 받았다고 나와 있습니다.

6 ② 우리나라, 중국, 일본은 자연환경과 역사, 사람들의 사고방식 등이 다르기 때문에 서로 다른 고유한 문화를 가지게 되었습니다.

7 우리나라, 중국, 일본의 문화에는 비슷한 점도 있고 다른 점도 있습니다. 또한, 어느 한 나라의 문화가 가장 우수하다고 할 수 없습니다.

하루 어휘 ●89쪽

1 (1) ㉠ (2) ㉢ (3) ㉡
2 (1) ┌유적 (2) ┌예의 (3) ┌변신
      └유물   └예절   └변형
3 (1) ① (2) ① (3) ② (4) ②

2 (1) '유물'은 '선대의 인류가 후대에 남긴 물건.'을 뜻하고, '유적'은 '남아 있는 자취.'의 뜻으로, 건축물이나 싸움터 또는 역사적인 사건이 벌어졌던 곳이나 패총, 고분 따위를 이릅니다. (2) '예의'는 '사람이 지켜야 할 예절과 의리.'를 뜻하고, '예절'은 '예의에 관한 모든 절차나 질서.'를 뜻합니다.

2장 나라의 모양이 모두 제각각이에요

매체 독해 ●68쪽

★ 어떤 매체 자료일까요?
칠레 여행에 필요한 정보를 안내하는 자료입니다. 지역별로 서로 다른 기후가 나타나는 모습을 살펴볼 수 있습니다.

1 ④
2 선빈

1 ④ 칠레에 있는 아타카마 사막은 세계에서 가장 건조한 사막입니다.

2 칠레는 영토가 남북으로 길게 뻗어 있어 지역별로 서로 다른 기후가 나타난다고 하였습니다.

글 독해 ●69~71쪽

★ 어떤 글일까요?
국경선과 영토 모양의 관계를 설명한 후, 나라마다 영토 모양이 서로 다르다는 것을 이해하도록 이탈리아, 칠레, 이집트, 인도네시아를 예시로 제시한 글입니다.

★ 문단 요약

1문단	국경선과 영토 모양의 관계
2문단	이탈리아의 영토 모양
3문단	칠레의 영토 모양
4문단	이집트의 영토 모양
5문단	인도네시아의 영토 모양
6문단	세계 여러 나라의 다양한 영토 모양

1 ⑤   **2** ②   **3** 국경선
4 ④   **5** ③   **6** ②, ⑤
7 연두, 지후

1 이 글은 세계 여러 나라의 다양한 영토 모양을 설명하고 있습니다.

2 이 글은 세계 여러 나라의 영토 모양이 다양하게 나타난다는 것을 설명하기 위하여 2문단에서 이탈리아, 3문단에서 칠레, 4문단에서 이집트, 5문단에서 인도네시아의 영토 모양을 예시로 제시하고 있습니다.

3 1문단에서 국경선은 국가 간 영토의 경계선이며, 국경선에 따라 각 나라의 영토 모양이 결정된다고 하였습니다.

4 이탈리아는 약 1,200 km 길이의 남북으로 긴 장화 모양의 반도와 그 부근의 섬으로 이루어진 나라로, 북쪽의 알프스산맥을 경계로 프랑스, 스위스, 오스트리아와 접하고 있습니다.

5 3문단에서 칠레는 영토가 남북으로 길어서 북부 지역은 건조 기후, 중부 지역은 온대 기후, 남부 지역은 냉·한대 기후 등 지역별로 서로 다른 기후가 나타난다고 하였습니다.

6 ①과 ④는 인도네시아에 대한 설명입니다. ③ 이집트의 국경선은 직선으로 되어 있습니다.

7 소말리아의 영토는 부메랑 모양이며, 1만 7,500여 개의 섬들로 이루어진 세계 최대의 섬나라는 인도네시아입니다. 칠레 영토의 길이는 약 4,300 km이고, 이탈리아 영토의 길이는 약 1,200 km입니다.

하루 어휘 ●72쪽

1 (1) ㉡ (2) ㉢ (3) ㉠
2 (1) ┌정성 (2) ┌합의 (3) ┌본토
      └특성   └함의   └영토
3 (1) ② (2) ① (3) ③

2 (2) '함의'는 '말이나 글 속에 어떠한 뜻이 들어 있음. 또는 그 뜻.'을, '합의'는 '서로 의견이 일치함. 또는 그 의견.'을 뜻합니다. (3) '본토'는 '바로 그 지방.'을 뜻하며, 주로 지명과 함께 쓰입니다. '영토'는 '국제법에서, 국가의 통치권이 미치는 구역.'을 뜻합니다.

3장 세계 곳곳의 다양한 기후

● 73쪽

매체 독해

★ 어떤 매체 자료일까요?
세계의 기후에 대해 설명하는 백과사전입니다. 기후의 의미, 기후 구분 방법과 이에 따른 세계의 기후 구분을 알려 주고 있습니다.

1 ①, ③
2 (1) ○ (2) × (3) ○ (4) ×

1 쾨펜은 식생 분포에 영향을 주는 기온과 강수량을 기준으로 세계의 기후를 구분하였습니다.

2 (2) 고산 기후는 해발 고도가 높은 지역에서 나타나는 기후입니다. (4) 쾨펜은 세계의 기후를 크게 열대, 건조, 온대, 냉대, 한대 기후로 구분하였고, 이후 미국의 트레와다가 고산 기후를 추가하였습니다.

글 독해 ● 74~76쪽

★ 어떤 글일까요?
세계의 기후를 크게 열대, 건조, 온대, 냉대, 한대 기후로 구분하였으며, 각 기후의 특성과 기후가 인간 생활에 미치는 영향을 설명한 글입니다.

★ 문단 요약

1문단	세계의 기후 구분
2문단	열대 기후의 특성과 생활 모습
3문단	건조 기후의 특성과 생활 모습
4문단	온대 기후의 특성과 생활 모습
5문단	냉·한대 기후의 특성과 생활 모습
6문단	기후가 인간 생활에 미치는 영향

1 ⑤ 2 18, 500, -3, 10
3 ①
4 ( ) (○) ( ) ( )
5 ④ 6 ④
7 지환, 승아

(가운데 단)

1 이 글은 세계의 주요 기후인 열대 기후, 건조 기후, 온대 기후, 냉대 기후, 한대 기후의 특성과 이러한 기후 환경에서 나타나는 사람들의 생활 모습을 설명하였습니다.

2 2~5문단에서 세계의 주요 기후를 구분하는 기준을 설명하였습니다.

3 ① 열대 기후 지역은 일 년 내내 기온이 높아 기온의 연교차가 작다고 하였습니다.

4 3문단에서 건조 기후는 일 년 동안 내린 강수량이 500 mm 미만이라고 하였으므로, 리야드가 건조 기후 지역임을 알 수 있습니다. 싱가포르는 열대, 상하이는 온대, 모스크바는 냉대 기후 지역입니다.

5 제시된 내용은 온대 기후에 대한 설명으로, 4문단에 온대 기후의 특성과 생활 모습에 대한 내용이 나와 있습니다.

6 ㉠은 냉대 기후, ㉡은 한대 기후입니다. ④ 타이가라고 불리는 침엽수림이 널리 분포하는 지역은 냉대 기후 지역입니다.

7 세계 주요 기후의 특성과 생활 모습에 대한 내용을 통해 기후에 따라 사람들의 생산 활동, 식물이나 동물 등의 생물 분포가 다르게 나타난다는 것을 확인할 수 있습니다.

하루 어휘 ● 77쪽

1 (1) ㉡ (2) ㉢ (3) ㉠
2 (1) 계절 (2) 재배 (3) 분할
3 (1) 적당하다, 적절하다 (2) 획득하다, 얻다
   (3) 설정하다, 정하다

3 (1) '적당하다'는 '정도에 알맞다.'를 뜻하므로, 뜻이 비슷한 낱말은 '적절하다'입니다.

4장 독특한 자연환경이 나타나는 곳

매체 독해 ● 78쪽

★ 어떤 매체 자료일까요?
일본의 후지산이 유네스코 세계 문화유산에 등재되었다는 소식을 알리는 뉴스 화면입니다.

1 (1) × (2) ○ (3) ×
2 ②

1 뉴스에서는 (1) 후지산의 산꼭대기가 눈으로 덮인 경관이 아름답다고만 하였고, (3) 후지산이 세계 문화유산으로 등재된 소식을 전하고 있습니다.

2 일본의 후지산은 산악신앙의 대상이자 많은 예술 작품의 소재로 쓰인 일본의 상징으로서 문화적 가치가 높다고 평가되었습니다.

글 독해 ● 79~81쪽

★ 어떤 글일까요?
세계적으로 관광이나 환경 보존의 대상으로 주목받고 있는 독특하고 특수한 지형들을 설명한 글입니다.

★ 문단 요약

1문단	세계의 독특하고 특수한 지형들
2문단	카르스트 지형
3문단	화산 지형
4문단	빙하 지형
5문단	세계의 독특하고 특수한 지형들의 보존의 필요성

1 ③ 2 ①, ⑤
3 (1) × (2) ○ (3) ○ (4) × 4 ④
5 U자곡, 피오르 해안 6 ④

1 이 글은 세계의 독특하고 특수한 지형으로 카르스트 지형, 화산 지형, 빙하 지형을 설명하였습니다.

(오른쪽 단)

2 파묵칼레는 석회 성분을 함유한 온천수가 오랫동안 경사면을 따라 흐르면서 하얀 탄산 칼슘이 지표면을 뒤덮어 형성되었습니다.

3 (1) 일본의 후지산은 원뿔 모양의 화산입니다. (4) 화산에서 점성이 큰 용암이 흘러나오면 경사가 가파른 종 모양의 화산이 만들어집니다.

4 주상 절리는 다각형의 기둥 모양으로 쪼개진 화산 지형입니다.

5 4문단에서 빙하가 골짜기를 따라 이동하면서 바닥과 옆면을 깎아 넓고 둥근 모양의 U자곡을 만들고, U자곡에 바닷물이 채워지면 피오르 해안이 발달하게 된다고 하였습니다.

6 마지막 문단에서 세계의 독특하고 특수한 지형들이 관광지로 개발되며 훼손되고 있기 때문에 이를 보존하기 위한 노력의 필요성이 높아지고 있다고 하였습니다.

하루 어휘 ● 82쪽

1 (1) ㉠ (2) ㉣ (3) ㉡ (4) ㉢
2 (1) 포함하고 (2) 비탈진
3 (1) ② (2) ① (3) ② (4) ①

신나는 퍼즐 퍼즐 ● 83쪽

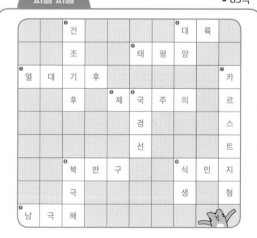

가로 열쇠
❶ 가장 추운 달의 평균 기온이 18 ℃ 이상인 기후.
❸ 대양 중에서 가장 큰 대양.
❹ 바다로 둘러싸인 큰 땅덩어리를 이르는 말.
❺ 우월한 군사력과 경제력으로 다른 나라나 민족을 정복하여 대국가를 건설하려는 침략주의적 경향.
❻ 적도를 경계로 지구를 둘로 나누었을 때의 북쪽 부분. 반대말 남반구
❼ 남극 대륙을 둘러싸고 있는 바다. 비슷한말 남대양
❽ 정치적·경제적으로 다른 나라의 지배를 받아 국가로서의 주권을 상실한 나라.

세로 열쇠
❷ 일 년 동안 내린 강수량이 500 mm 미만일 정도로 비가 내리지 않는 기후.
❸ 세계의 바다 가운데 특히 큰 바다를 이르는 말.
❹ 국가 간 영토의 경계를 나타내는 선.
❺ 석회암이 빗물이나 지하수에 의해 녹아 형성된 지형.
❻ 아시아, 유럽, 북아메리카에 둘러싸여 있는 북극 주변의 바다.
❼ 어떤 일정한 장소에 모여 사는 특유한 식물의 집단. 비슷한말 식피

하루 한장 독해

비문학 독해

사회편 1단계~6단계 **과학편** 1단계~6단계

• 초등학교 사회·과학 교과 연계 주제 선정으로 학습 자신감을 기르는 독해
• 언어 환경에 따른 바른 정보 분석과 비판적 수용 능력을 기르는 독해
• 자기 주도적인 심화 학습이 가능한 블렌디드 러닝 독해

하루 한장 독해

비문학 독해
사회편 6단계 (5, 6학년)

바른답·알찬풀이

Mirae N 에듀